「東大」英文解釈のすべて

鬼塚幹彦 著
Mikihiko Onizuka

研究社

はしがき

　本書は、拙著『「東大」英語のすべて』（1999 年・研究社）の「英文解釈」の項をさらに深めたものです。執筆の理念も、好評で迎えられた前書を踏襲しました。

　英文解釈にまず必要なことは英文構造の正しい理解です。本書を書くにあたって、文構造を見抜く力が無理なく習得できることを念頭に置きました。なお、本書に収録されている英文は、過去 100 年以上にわたる東京大学の入試問題から厳選しています。本書で学んだあとに英文を読むと、英文が格段に読みやすくなっていることに気づくはずです。

　語彙力は英文の中で身につけていくのが理想です。本書では、個々の単語の本質的な意味や効果的な学習法を随所で可能な限り示し、単語力も身につくように配慮しています。語注などもおろそかにせず使いこなしてください。

　第 1 章「文頭のパターン」の冒頭で述べたように、本書はリスニング力の向上まで視野に入れています。私はリスニング理論と英文読解の理論は基本的に同じであるべきだと考えています。読んで理解できない英語を聴いてわかるはずはなく、当然ながら話すことも書くこともできません。したがって、本書によって英語力全体の向上を図ることができます。

　この英文解釈の指南書を幅広い読者に手にしてもらい、解釈力を土台とした英語力の向上を実感していただければ本当にうれしく思います。

※

　最後になりましたが、研究社編集部の佐藤陽二氏には本作りのすべての過程で貴重な援助をいただきました。そして、本書が出版できるのは筆者が今までに接してきた実に多くの学生たちのおかげです。ありがとう。

2016 年　秋
鬼塚　幹彦

本書の使い方

* 前から順番に読み進むのがよいが、自分にとって必要だと思う項目を先に読んでもかまわない。その場合も、「文頭のパターン」から始まり、英文全体の構造が自然に修得できるように配列されていることを頭に入れておくこと。

* 各章の章末に「○章のポイント」を設けた。ここではその章で学んだことが短くまとめられているので、述べられていることが理解できない、あるいは自信が持てない場合は、→ のあとに示される問題番号に戻って確認すると、その章で学んだ内容を確認して全体像をつかむことができる。

* 第 1 講の例題 → 第 1 講の演習 → 第 2 講の例題 . . . と、構成のとおりに進めるのがよいが、演習には比較的難しい英文を選んでいるので、先に例題だけに取り組むことで、まずは本書の全体像をつかむという方法をとってもよい。

* 例題は 1 問ごとに解説と訳がつく。一方、演習は問題を先に出し、解説と訳はあとでまとめて提示している。演習は 1 問ごとにその問題の解説を見ても、先にすべての問題を解いてからまとめて解説を見てもかまわない。

* 相互参照をできる限り示している。最初に読むときは未読の参照箇所は無視してもよいが、2 回目以降は、できるだけ参照してさらに理解を深めてもらいたい。相互参照は基本的に問題番号の形で示され、講と例題と演習は通し番号になっている。

* 相互参照にあたると、その項目の理解がさらに深まるだけではなく、単語力の大幅な増進も図れる。索引とともにぜひ相互参照をフル活用してもらいたい。

* 巻末の「注意すべき 4 つの前置詞」は、最初に目を通しておき、常に参照するのが有益である。

目　次

はしがき... iii
本書の使い方... iv

第1章　文頭のパターン... 1

　第1講　　S sv V... 1
　第2講　　文頭の Ving と Ved..................................... 3
　第3講　　文頭の形容詞と名詞..................................... 7
　第4講　　文頭前置詞... 9
　第5講　　文頭の接続詞... 12
　第6講　　文頭の To-不定詞....................................... 17
　第7講　　文頭の It.. 21
　第8講　　There で始まる文....................................... 28
　第9講　　文頭の倒置... 32
　第1章のポイント... 41

第2章　Sの交代... 43

　第10講　　Ving、to V と付帯状況の意味上の主語................... 43
　第11講　　第5文型の考え方....................................... 50
　第12講　　第5文型の代表的動詞................................... 53
　第13講　　使役動詞... 59
　第14講　　知覚動詞... 64
　第2章のポイント... 68

第3章　名詞修飾の型... 69

　第15講　　名詞＋形容詞... 69

目　次

　　第 16 講　名詞＋前置詞句 75
　　第 17 講　名詞＋関係節 80
　　第 18 講　関係副詞 91
　　第 3 章のポイント 97

第 4 章　述語動詞のあとの名詞 99

　　第 19 講　動詞＋名詞＋名詞 99
　　第 20 講　動詞 ... 前置詞句 103
　　第 4 章のポイント 107

第 5 章　形容詞と副詞 108

　　第 21 講　文における形容詞 108
　　第 22 講　文における副詞 113
　　第 5 章のポイント 121

第 6 章　接続詞 122

　　第 23 講　等位接続詞 122
　　第 24 講　従位接続詞 128
　　第 6 章のポイント 133

第 7 章　その他の重要な英文の型 134

　　第 25 講　the way SV 134
　　第 26 講　S be ... to V 136
　　第 27 講　S be to V 140
　　第 28 講　to V のポイント 144
　　第 29 講　省略 150
　　第 30 講　挿入 157
　　第 7 章のポイント 162

目次

第8章 否　　定 ... 163
- 第 31 講　否定語のない否定 ... 163
- 第 32 講　重要な否定表現 ... 168
- 第 8 章のポイント ... 175

第9章 比　　較 ... 176
- 第 33 講　比較の基本 ... 176
- 第 34 講　比較の重要表現 ... 181
- 第 9 章のポイント ... 194

第 10 章 進行形と完了形 ... 195
- 第 35 講　進行形 ... 195
- 第 36 講　完了形の本質 ... 200
- 第 10 章のポイント ... 205

第 11 章 助動詞と仮定法 ... 206
- 第 37 講　助動詞 ... 206
- 第 38 講　仮定法 ... 215
- 第 11 章のポイント ... 221

第 12 章 正しい解釈のための重要語 ... 222
- 第 39 講　a と the と one ... 222
- 第 40 講　some/ any と -ever ... 229
- 第 41 講　that ... 234
- 第 42 講　what と that ... 244
- 第 43 講　if と whether ... 248
- 第 44 講　how ... 254
- 第 45 講　as ... 258
- 第 46 講　so と such ... 268

vii

目　次

　　第47講　all 273
　　第48講　much 277
　　第12章のポイント 280

〈付　録〉注意すべき４つの前置詞 282
索　　引 284

第1章
文頭のパターン

> 英文の理解は、いわば左から右へ英文の流れを予想するゲームです。文頭に接して英文の全体像が予想できるようになれば、読解力はもちろん、リスニング力の向上にも寄与します。本章では、**文頭のパターン**から英文の全体像を予想する訓練をします。それができれば、英語を速く正確に読む力とともに、正確に聞き取る力も同時に身につけることができるのです。

第1講　S sv V

英文の基本構造は SV、すなわち、主語＋文の動詞です。ただし、SV と表記はしても、実際には S が 1 つだけではなく、S が 2 つ続くように思われる場合があるので、本講ではその型を中心に考えます。以後、文の動詞を、品詞の「動詞」と区別する必要があるときには「述語動詞」と呼び分けます。

例題 1
Our relation to the books we come across in our lives is a mysterious one.　　　　　　　　　　　　　　　　　　　（1984）

[語注]

relation to ～「～に対する関係」/ come across ～「～に（偶然）出会う」/ mysterious「謎めいた」/ one「もの」　ここでは a relation「関係」のこと。one≒a＋名詞（→ 例題 174）。

[解説]

Our relation to the books we come across ... is「私たち**が** ... 出会う本との関係**は**」は、S (Our relation ... books) s (we) v (come) V (is) の型です。この型は、「(s **が** v する) S **は** V する」と解釈するのが原則です。ポイントは助詞の「が」→「は」という順番です。

1

第 1 章　文頭のパターン

訳
私たちが人生で出会う本との関係は不思議なものだ。

冒頭が S sv . . . と同じ型でも、あとに文頭の S に対応する V が登場しないことがあります。OSV と倒置されて、名詞＋名詞＋動詞になる場合です。
Terror he can know, and perhaps he knows it frequently. (1979)
「彼（＝小鳥）は恐怖を知りえるし、頻繁にそれを知っているのかもしれない」

Terror he can know は SVO が倒置して OSV になった型です。なお、O は述語動詞の目的語を表します。

演習 1

People are liable to confuse leisure with pleasure, and pleasure with idleness. They show little discretion in the use of their increasing freedom from work. Often the best use the working man can make of his spare time is to spend his money in it. 　　(1973)

語注

be liable to V「V しがちである」/ confuse leisure with pleasure, and pleasure with idleness「余暇と快楽、快楽と無為とを混同する」 confuse A with B は「A を B と混同する」で、ここは confuse A₁ with B₁, A₂ with B₂「A₁ を B₁ と、A₂ を B₂ と混同する」の型。/ little「ほとんど . . . ない」(→ 例題 125) / discretion「思慮分別」/ his spare time「彼の暇な時間」

演習 1 の解説

最後の文の the best use the working man can make of . . . is「働く人が . . . からできる最高の利用は . . . だ」は S sv V「s が v する S は V だ」の型。make the best use of ~「~を最大限に利用する」という表現法を復元できるかどうかがポイント。なお、the best ~ の最上級には「せいぜい」の含みがある (→ 例題 147)。

訳
人々は余暇と快楽を、快楽と無為とを混同しがちである。彼らはますます増え

ている仕事がない状態の使用において、ほとんど思慮分別を示さない。しばしば、働く人の余暇の最良の利用方法は、せいぜいそれにお金を使うことなのだ。

第2講　文頭のVingとVed

　初級者はVingを見境なく「Vする**こと**」と解釈しがちです。Vingが動名詞の場合は「Vする**こと**」ですが、現在分詞を「Vする**こと**」と解釈するのは致命的な間違いです。本講では動名詞と現在分詞を見分ける方法を考えます。

> **例題2**
> Learning to lie is an important part of growing up. 　　（2009）

[語注]
learn to V「Vすることを学ぶ」→「Vできるようになる」/ an important part of ～「～の重要な一部」/ grow up「大人になる、成長する」

[解説]
　Learning ～ (S) is (V) ... (C)「～を学ぶことは[が] ... だ」という構造で、isの前までが主語です。Cは補語を表します。**主語は必ず名詞・名詞句・名詞節の名詞相当語句**です。したがって、主語になるVingは動名詞で「Vすること」と解釈します。なお、名詞句の「句」は2語以上の語からなる意味のかたまりのことです。名詞節の節はSVを含む意味のかたまりのことです。

[訳]
　嘘がつけるようになることは、大人になることの重要な一部だ。

　述語動詞がareではなくisであることに注意しましょう。動名詞は単数扱いで、そこから、is / was / -s（＝3単現のs）がVingを主語だと確定する目印になるからです。Vingが動名詞になって「～すること」と解釈できるのは、主語のほかに目的語や補語の場合があります。次は動名詞が目的語になっている例です。
　In fact, he is thinking of **selling** his big villa and **moving** to Italy.（1960）
「実際、彼は郊外にある自分の大邸宅を売って、イタリアに引っ越そうかと思っている」

3

第1章　文頭のパターン

> **例題3**
> Clearing his throat, the first guard stares at me intently.（2003）

語注

clear *one's* throat「咳払いをする」/ stare at ～「～をじろじろ見る」/ intently「熱心に」

解説

　Clearing his throat, the first guard stares「咳払いを**して**、最初の衛兵がじろじろ見る」は Ving (Clearing), S (the first guard) V (stares) の型です。「咳払いをする**こと**」と解釈するのは誤りです。もし Clearing を主語に設定していても、カンマで区切られて、対応する述語動詞がないことから、Clearing が現在分詞だと考えて、「咳払いを**して**」と解釈します。

訳

　最初の衛兵は咳払いをして、私を熱心にじろじろ見る。

　なお、分詞には Ving の現在分詞と Ved の過去分詞の 2 つがあります。次に、文頭に過去分詞がくる英文について考えます。

> **例題4**
> Given the question of how to move around in the dark, what solutions might an engineer consider?　　　　（2006）

語注

the question of ～「～という質問」/ how to V「どのように V すべきかということ、V する方法」(→ 例題 198) / what solutions「どんな解決法」　この what は疑問形容詞 (→ 例題 190)。

解説

　Given ... , ... might an engineer consider ...「... を与えられると、エンジニアなら ... を考えるのだろうか」は過去分詞 (Given), S (an engineer) V (might consider) の型です。この場合は、文頭の過去分詞の前に現在分詞の Being

4

第 2 講　文頭の Ving と Ved

を補い、例題 3 と同じように文頭の現在分詞の型として考えます。an engineer is given the question of ...「エンジニアは...という質問を与えられる」を踏まえて解釈します。文末の？から疑問文だとわかります。カンマのあとの文で助動詞 might が主語 an engineer の前にあるのは疑問文だからです。

ちなみに、Given (that) SV は、「SV を与えられれば」から「SV を所与のものとすれば」→「SV を考慮［仮定］すれば」という意味に派生した定型表現です。「所与」が示すように、本来は論文調です。

訳

暗闇でどのように動き回るべきかという質問を投げかけられたら、エンジニアならどのような解決法を考えるのだろうか。

例題 3 と 4 の型は一般に分詞構文と呼ばれます。主な型としては分詞, SV. と SV, 分詞. の 2 パターンです。本講では前者を扱い、後者は第 21 講で考えます。

分詞構文では必ず主語を補って解釈してください。例題 3 の文には the first guard は一度しか出てきませんが、解釈するときは「**最初の衛兵は**咳払いをして、**最初の衛兵は** ...」のように主語を補います。この作業を繰り返すことで、分詞構文が正確に理解できるようになります。そうやって分詞構文に慣れてきたら、「...て」「...ら」「...と」といった助詞でつないで解釈します。

分詞構文の本質は、意味を文脈に委ねて文と文をつなぐことにあります。たとえば、例題 3 の Clearing his throat は「咳払いをし**て**」、例題 4 の Given ... は「...が与えられる**と**」といった具合です。

・・・・・・・・・・・・・・・・・・・・・・・・・・・・・・・・・・・・・・

演習 2

Indeed, calling our intuitive predictions unreliable because they fail with gambling devices is unreasonable.　　　　（2002）

語注

indeed「実際」/ call our intuitive predictions unreliable「直感的な予言を信頼できないと呼ぶ」　call O C「O を C と呼ぶ」で C が形容詞 unreliable の型 (→ 例題 81)。/ intuitive prediction「直感的な予言」/ unreliable「信頼できない」/ with ～「～に関して」/ unreasonable「不合理な」

第 1 章　文頭のパターン

> **演習 3**
> 　First proposed early in the 20th century, the idea of obtaining resources from asteroids continues to attract attention. The basic notion is to get material from near-earth asteroids, that is, those having orbits that come close to our planet.　　　(2010)

語注

the idea of ～「～という考え」　of =「という」(→ 例題 4) / resources「資源」通例複数形。/ asteroid「小惑星」/ that is「すなわち」　前の内容を言い換えるつなぎの表現 (→ 第 41 講冒頭)。/ those having は名詞＋現在分詞で、名詞修飾の型 (→ 例題 54)。ここでは those は asteroids のこと。/ orbits that come close「近くにやって来る軌道」　名詞＋that V の型で、that は関係代名詞 (→ 例題 180)。

演習 2 の解説

　calling ... is unreasonable「... を呼ぶ**こと**は不合理だ」は S (calling ...) V (is) C (unreasonable) の型。主語の calling は動名詞で「(... を信頼できないと) 呼ぶ**こと**」と解釈する。主語が単数であることを示す is が大きなヒントになる。

訳

　実際、それが賭博の装置に関してうまくいかないから直感的な予言を信頼できないと呼ぶことは不合理だ。

演習 3 の解説

　First「まず、最初に」は副詞なので、最初に出てくる文の要素は proposed となり、文頭の過去分詞の型として考える。Being proposed ... として、the idea was proposed ... を踏まえる。なお、訳では、まず分詞の主語を補って、主節の主語は省略した。分詞構文では、必ず分詞の主語を補って考えること。

訳

　小惑星から資源を獲得するという考えは 20 世紀初期にまず提案され、今もなお注目を集めている。基本的な考え方は、地球に近い小惑星、すなわち、地球に近づいてくる軌道を有する惑星から資源を得ることだ。

第3講　文頭の形容詞と名詞

　形容詞が置かれる場所は2つあります。1つは動詞のあと、もう1つは名詞の前後です。I am **beautiful**. では be 動詞 am のあと、She is a **beautiful** girl. は名詞 girl の前にきています。これ以外の位置に形容詞がある場合は、この本来の位置に戻して考えます。本講では、形容詞を本来の位置に戻すための手順を見ます。

> **例題 5**
> 　Alive, the elephant was worth at least a hundred pounds; dead, he would only be worth the value of his tusks, five pounds possibly.　　　　　　　　　　　　　　　　　　　　　（1956）

語注

worth ~「~の価値がある」（→ 例題 52）/ at least「少なくとも~、~以上」/ would「（もし...なら）~だろう」（→ 第37講）/ tusk「牙」/ possibly「ひょっとすると、できるかぎり、せいぜい」

解説

　Alive, the elephant was . . .「生きている状態で、象は . . . だった」は形容詞, SV. の型です。この場合、形容詞の前に being を補い Being alive . . . として、文頭に現在分詞がくる場合と同じように解釈します。主節の主語の the elephant を補うと、The elephant was alive となります。次の dead, he would only be も形容詞, SV. の型なので、being を補って being dead にして考えます。

訳

　象は生きていれば百ポンド以上の価値があるが、死ぬとせいぜい牙の価値である5ポンドの価値しかないだろう。

　形容詞は名詞を修飾するのが基本です。例題 5 でも、Alive にいちばん近い名詞 the elephant を修飾すると考えて、「生きている」→ 何が？ →「象が」という流れで考えてもいいでしょう。
　なお、文頭の名詞がカンマで区切られて、主節と独立している場合も、形容詞と同じように Being を補って考えます。

第 1 章　文頭のパターン

The daughter of a well-known doctor, she had gone to Clayfield College and been clever and popular. (2013)
「(彼女は) 有名な医者の娘で、彼女はクレーフィールド大学へ行って、聡明で人気があった」
Being を補って、**Being** the daughter of . . . , SV の型にして考えます。

◆◆

次の演習 4 は、「母は娘の寝室を訪れるが、娘はベッドで眠ったふりをしている。娘の父 (＝母の夫) が死亡してから 1 週間しか経っていない」という状況です。

演習 4

'Your father never loved me. You should not have had to know this. He did not love me.' She spoke each word with a terrible clarity, as if trying to burn it into my brain. I squeezed my eyes tight. Rigid in my bed, I waited for my mother to leave the room, wondering if I would get over all this with time.　　　　　(2000)

語注

clarity「明晰さ」/ as if . . .「まるで . . . のように」(→ 例題 207) / squeeze「(ぎゅっと) 絞る [閉める]」/ rigid「硬直している」/ wait for ～ to *do*「～が . . . するのを (今か今かと) 待つ」/ wonder if SV「SV かどうかを知りたいと思う」(→ 例題 193)

演習 4 の解説

形容詞 (Rigid), S (I) V (waited) . . . に Being を補い **Being** rigid . . . , にして、I was rigid in my bed「私はベッドで硬直していた」という意味を踏まえて解釈する。

訳

「あなたのお父さんは私のことを決して愛していなかったわ。あなたはこのことを知るべきではなかったのだけどね。彼は私のことを愛していなかったのよ」彼女は、まるでそれを私の脳に押しつけようとしているかのように、恐るべき明晰さでひと言ずつ話した。私は自分のベッドで硬直して、時間が経つとこれらのことをすべて乗り越えられるのだろうかと思いながら、母が部屋を去るのを待った。

第4講　文頭前置詞

　In the UK the man ... を「イギリス**の**その男は [が] ...」と解釈するのは重大な誤りです。適切な解釈は「イギリスにおいて、その男は [が] ...」です。このことは In the UK, the man ... とカンマを打てば、より明確になりますが、ここでカンマの有無は絶対的な指標にはなりません。「『イギリス**の**その男』でも同じではないか」「だいたいの意味がわかるからよいのではないか」などとは考えないでください。ここで正確さを喫して適切な考え方を身につけられるかどうかが、正しい読解力がつくかどうかの分岐点なのです。

> **例題 6**
> 　To his mother Rachel had always seemed the least probable of Gregory's girlfriends.　　　　　　　　　　　　　　　　（1992）

語注

had ... seemed　had p.p.「(その時までは)〜だった」（→ 例題 155）/ the least 〜＋名詞「最も〜ではない〈名詞〉」/ probable「候補」　この probable は名詞だが、名詞句全体を the least probale **person** と補って考えてもよい。

解説

　「彼の母親**の**レイチェルにとって」はよくある間違いです。前置詞句 (To ...), S (Rachel) V (had ... seemed) の型なので、「彼の母親にとって、レイチェルは ...」が適切です。「彼の母親**の**レイチェルにとって」が正しいなら、Rachel までが前置詞句になるので、次に SV が登場するはずですが、そうはなっていません。

訳

　彼の母親にとって、レイチェルはグレゴリーの恋人に最もふさわしくない候補だとそのときまで常に思われていたのだ。

　文頭の To＋人は「〈人〉の気持ちの中では」の意味です。to＋人、for＋人、とも「〜にとって」と解釈できますが、to＋人にこの意味が出ることが for＋人（→ 例題 146）との重要な違いです。
　冒頭で述べたように、例題 6 でも To his mother**,** Rachel ... のようにカンマ

9

第 1 章　文頭のパターン

があると構造がつかみやすいでしょうが、たとえカンマがなくても、文頭の前置詞があることで「前置詞がある → 前置詞の目的語になる名詞を探す → 名詞がある → その次の名詞は文の主語」という流れで解釈していきます。

このルールは、文頭だけでなく、節（＝SV）の先頭にも当てはまります。

例題 7

It seems that during the first months of our lives we don't experience any time at all.　　　　　　　　　　　　　　　　　(2013)

[語注]

during ～「～のあいだ（ずっと）」/ not . . . at all「全く . . . でない」（→ 例題 131）。

[解説]

It seems that SV で、「SV のように思われる」の意味です。ただし、that 節の始まりが、SV ではなく前置詞 during なので、前置詞句＋SV になるはずです。前置詞句のあとに SV が続くと考えて、前置詞句＋S（we）V（don't experience）の構造をつかみます。

[訳]

人生の最初の数か月のあいだ、私たちは時間というものを全く体験することがないように思われる。

例題 8

Like many of the world's other valuably wild places, Madagascar today has a big problem with people.　　　　　　　　　(2004)

[語注]

valuably　valuable「価値がある」の副詞。/ with ～「～に関して」

[解説]

Like ～, Madagascar today . . .「～ と同じように、今日のマダガスカルも

...」は前置詞 Like で始まる、前置詞句, SV. の型です。これを見抜くには、文頭の Like は動詞ではなく前置詞ではないかと考えることが必要です。

[訳]
　世界におけるほかの貴重な野生の場所の多くと同様に、今日のマダガスカルも人間に関して大問題を抱えている。

　前置詞の like を用いた表現法は、例示や比較のレトリックで多用されます。unlike ～「～と違って」とあわせて覚えましょう。

Unlike most of the vegetarians, he himself never gave that diet credit for his long life. (1960)
　「菜食主義者のほとんどと違って、彼自身は自分の長寿の秘訣がそういった食生活にあるとは決して考えなかった」
　なお、give ～ credit for X は「X を～の手柄とする」の意味です。

演習 5
　To a younger generation that questions the merits of working 9-to-9 and then drinking with colleagues until the last train home, the new push for shorter hours and longer vacations is welcome.
(1992)

[語注]
generation「世代」/ question「疑問視する」/ a younger generation that questions「疑問視する若い世代」　名詞＋that V の型で、that は関係代名詞（→ 演習 3）。/ colleague「同僚」/ until SV「SV するまで（ずっと）」

演習 6
　We are also aware that in the cases where medicine still does not offer effective cures the need for old-style care is particularly strong. Hence it is important to remember the communicative dimension of modern medicine.
(2007)

第 1 章　文頭のパターン

語注

aware that SV「SV であることを認識している」/ in the case where SV「SV の場合において」(→ 例題 74) / effective cure「効果的な治療法」/ hence「だから」(→ 演習 50) / dimension「次元、局面、側面」

演習 5 の解説

To a younger generation . . . , the new push for . . . is welcome「. . . の若い世代にとって、. . . への新たな動きは歓迎されている」は、前置詞句, SV. の型。前置詞句が To から home までと長いが、カンマもヒントに文の主語を探そう。

訳

午前 9 時から午後 9 時まで働いたあとに帰宅の終電まで同僚と酒を飲むことの価値を疑問視する若い世代にとって、労働時間を短くし休暇を長くするこの新しい動きは歓迎されている。

演習 6 の解説

that 節の中の in the cases . . . the need for . . . is . . .「. . . の場合において、. . . の必要性は . . .」は、前置詞句＋SV. の型。関係副詞の where SV があるために前置詞句が in から cures までと長く、SV はそのあとに登場する。

訳

私たちはまた、医学がいまだに効果的な治療法を提供できない場合に、旧来の形の介護の必要性が特に強いこともわかっている。だから、現代医学のコミュニケーション的側面を忘れないことが重要なのだ。

第 5 講　文頭の接続詞

本講では文頭に接続詞がくる場合を考えます。but も although もどちらも「接続詞」と呼ばれますが、構造上、両者は根本的に違った働きをするので、解釈に際しては明確に区別しなくてはなりません。

例題 9

Although sheep and pony festivals had been held on the island since the early eighteenth century as part of the regular control of animals, today's version of Pony Day began in 1924.　　(2006)

第5講　文頭の接続詞

語注
be held「開催される」/ as＋名詞「〈名詞〉として」（→ 例題201）

解説
　Although sheep and pony festivals had been held on ...「（たしかに）羊とポニー祭りは ... で行われてきてはいたが」を、「**しかし、羊とポニーの祭りは ...** 」と解釈するのは間違いです。文頭が Although や Though で始まる英文の従属節（→ 第6章）は「（たしかに）SV だけれども［だが］」と解釈します。文頭の Although の時点で、Although SV$_1$, SV$_2$.「（たしかに）SV$_1$ だけども SV$_2$」の型が予想できるようになりましょう。

訳
　羊とポニーの祭りは、動物の定期的な管理の一環として18世紀の初め以来この島で開催されてきてはいたが、ポニーの日の現在の形は1924年に始まった。

　Although と同じように、文頭に When がきたら、When SV$_1$, SV$_2$.「SV$_1$ のとき、SV$_2$」の型だと予想します。When のあとにまず SV$_1$ を探し、カンマで意味の切れ目を確認したら、次に SV$_2$ を探すという流れです。

例題 10
When I left my wife began to cry. （2014）

解説
　When I left my wife ...「私が出発したとき、妻は ... 」を「**その時、私は妻と別れて ...** 」と解釈するのは致命的な誤りです。文頭の When に接したら When SV$_1$, SV$_2$.「SV$_1$ のとき、SV$_2$」の型を予想します。この文にはカンマがありませんが、my wife が SV$_2$ の主語だとわかった時点で、その前が意味の切れ目であると判断します。文頭前置詞の場合と同じで、カンマは絶対的な指標ではありません（→ 例題6）。

訳
　私が出発すると、妻は泣き出した。

　この型を作る代表的な接続詞として、When や Although や Though のほかに Since SV$_1$, SV$_2$.「（ご存じのように）SV$_1$ だから SV$_2$」、Because SV$_1$, SV$_2$.「SV$_1$

第 1 章　文頭のパターン

という理由で SV₂」、While SV₁, SV₂.「SV₁ である一方 [のに対して]、SV₂」などがあります。いずれも手順はここまで述べたのと同じです。
　次に、SV が 3 つある場合を考えます。

> **例題 11**
> While some students still read without using any kind of marker, and some continue to use pens or pencils, most have switched to highlighters.　　　　　　　　　　　　　　　　　　　　　　(1992)

語注

some students ... most students ...「... という学生もいるが、... という学生がほとんどだ」　some → most は「〜もいるが、... がほとんどだ」という流れ。/ without Ving any 〜「全く〜を V することなしで」　without any ... で「全く ... なしで」(→ 例題 178)。/ highlighter「マーカーペン」

解説

　接続詞が支配する範囲を正確につかむことがポイントです。ここは While SV₁ and SV₂, SV₃「SV₁ と SV₂ である一方で [のに対して]、SV₃」という型になっています。and の前では切れないことから、While が支配する範囲は SV₂ までだとわかります。

訳

　いまだにどんな種類のマーカーも全く使わずに読書をする学生もおり、ペンや鉛筆を使い続ける学生もいる一方で、ラインマーカーに切り替えた学生がほとんどだ。

　then はその前で意味が切れる目印になります。たとえば While SV₁, then SV₂, and SV₃. なら、SV₁ でいちど意味が切れるので、while の支配する範囲は SV₁ だけで、「SV₁ である一方で [のに対して]、SV₂ であり SV₃ だ」と解釈します。
　If this is not true, then Englishmen are ... (1978)
　「もしこれが真実でないなら、イギリス人は ... である」
　If の支配する範囲は true までです。そもそも、then の役割は、場面を変えたり整えたりすることです。

第 5 講　文頭の接続詞

次に For で始まる場合を考えましょう。文頭に For があると、それだけでは前置詞か接続詞かの判断はできません。次例は前置詞の場合です。

A man of genius sees further than his fellowmen, but for all that his range of vision is limited. (1934・医)
「天才は自分の仲間よりも遠くが見えるが、それにもかかわらず、天才の視野も限られているのだ」

前置詞句（for . . .）＋S（his . . . vision）V（is）の型です。なお、for all ～ で「～にもかかわらず、～であっても」の意味です。

では、前置詞と接続詞ではどのような違いがあるのでしょうか。次の例題 12 は、有害物質の流出事故による環境被害を論じた新聞記事の一節です。

例題 12

For the poisons have only just started to pass upwards through the food chain.　　　　　　　　　　　　　　　　　　(1999)

語注

poison「毒」/ only「～でしか . . . ない」（→ 例題 127）/ upwards「上へ」/ through ～「～を通して」/ the food chain「食物連鎖」

解説

For the poisons have only just started to pass . . . 「というのは、その毒は . . . を通り始めたばかりでしかないからだ」は For SV.「というのは SV だからだ」の型です。For が前置詞で For ～, SV. になると予想した人は、For the poisons のあとに動詞 have が出てきた時点で、For SV. の型だと考えを変えます。

訳

というのは、その毒物は食物連鎖を通して上昇し始めたばかりでしかないからだ。

接続詞か前置詞かの判断が必要な語として、for のほかに after、before、until、till などがあります。ただし、これらは for と違って、接続詞としては文と文をつなぐ働きをします。つまり、2 つの文が存在することになるので、for より見抜きやすいと言えます。

15

第 1 章　文頭のパターン

After the culture of the 'white-skinned people' and Hawaiian culture were thrown together in collision at the end of the 18th century, Hawaii was changed forever.（2003）

「『白い肌の人々』の文化とハワイ人の文化が 18 世紀の終わりに偶然に衝突したあと、ハワイは永久に変わった」

After は接続詞で、After SV₁, SV₂. の型です。なお、be thrown together ～ で「偶然～になる」の意味です。

演習 7

However, as the technology develops, and computers become cheaper, and thus affordable by more and more people in all parts of the world, this new global access to information will have profound and, in some cases, regrettable consequences. （2000）

語注

as the technology develops「技術が発達するにつれて」（→ 例題 203）/ thus「このように、だから」（→ 例題 89）/ all parts of the world「世界の全地域」/ access to ～「～に近づく権利」/ and, in some cases,「また、ある場合には」and は直後のカンマは挿入句の始まりを示し、profound と regrettable という 2 つの形容詞を並列（→ 例題 99）。/ consequence「(重大な) 結果」

演習 8

For all we try to show our kids and tell them how we believe people should act, how we hope they will act, it still comes as a shock and a pleasure—a relief, frankly—when they do something that suggests they understand. （2012）

語注

tell them how we believe　tell [show] ＋人＋情報の型。tell は言葉を、show は言葉以外をも伝達手段にする（→ 例題 80）。/ something that suggests「示唆する何か」　名詞＋that V の型で、that は関係代名詞（→ 演習 5）。

第6講　文頭の To- 不定詞

演習7の解説

　as の支配する範囲をつかめたかがポイント。接続詞 as のあとに SV が3つ続いている。and を目印にして、**as SV₁ and SV₂, ... , SV₃**「SV₁ かつ SV₂ ... になるにつれて、SV₃」の型であると見抜く。なお、2つめの and は become ... affordable の流れを作る。

訳

　しかし、技術が発達してコンピューターが安価になり、したがって世界あらゆる地域のますます多くの人々に手が届くようになるにつれて、情報への地球規模でのこの新たなアクセスは、深い、ある場合には、残念な結果となるだろう。

演習8の解説

　文頭が For all で始まっている。ここは **For all SV** の型で「SV にもかかわらず、SV ではあるが」の意味。For all + 名詞と同じ意味（→ 例題12 の前）。

訳

　人はどのように行動すべきだとこちらが信じているか、子どもたちにはどのように行動してほしいとこちらが望んでいるのかを私たちは子どもたちに示し、言葉でも伝えようとはしているのだが、彼らが理解しているということを暗示する何かを向こうがすると、やはり衝撃と喜びとしてやってきて、率直にほっとするのだ。

第6講　文頭の To- 不定詞

　本講では文頭に To- 不定詞がくる型を考えます。

例題 13

　To rescue yourself from such a situation, you have to be dexterous or brazen, or both.　　　　　　　　　　　　　　　　　（1980）

語注

rescue O from ～「～から O を救出する」/ such a situation「そのような状況」　ここでは、再会した相手の名前が思い出せない状況のこと。/ dexterous「器用な」/ brazen「図々しい」

17

第1章　文頭のパターン

|解説|
　To rescue yourself from . . . , you have to be . . .「. . . から自分自身を救い出す**ために**、あなたは . . . でなければならない」は To- 不定詞, SV.「〜する**ために** SV」の型です。
|訳|
　そのような状況から自分自身を救い出すためには、器用であるか、図々しいか、あるいはその両方でなければならない。

　文頭の To- 不定詞は「〜するため（に）」の意味が原則だと考えておくべきです。したがって、仮に「〜するために」と解釈しておき、あとに出てくる SV を確認して「〜するために SV」の意味を確定するという手順を踏みます。

例題 14
　To be neutral is impossible, because neutrality produces its effects and they are harmful ones. 　　　　　　　　　　　　　（1967）

|語注|

neutral「中立の」/ neutrality「中立」/ produce「生み出す」/ effect「影響、結果、効果」/ ones は、ここでは effects のこと（→ 例題 1）。

|解説|
　To be neutral is . . .「中立である**ことは** . . . である」を「中立である**ために** . . . 」と解釈するのは誤りです。「〜ために」と解釈できるのは、To V, SV. のときです。ここは To be . . . is で、To be neural が主語で、is が述語動詞である S is C. の型です。
|訳|
　中立であることは不可能だ。なぜならば、中立がその影響を生み出し、その影響は有害なものだからである。

　同じ「. . . こと」でも to- 不定詞と動名詞（Ving）では根本の意味が異なります。to- 不定詞は未来志向の表現で、「（もし〜なら）その . . . という**こと**」といった含意があります。たとえば、What is your favorite sport?「あなたの好きなスポーツは何ですか」に対して、Playing tennis.「テニスをする**ことです**」が適

18

切で、To play tennis. が不適切な返答になるのはそのためです。なお、動名詞が「行為」を表す例は例題 35 の次の例文を参照してください。

> **例題 15**
> To hear her talk you would sometimes have concluded that she was living in a world of complete unreality. （1970）

[語注]

hear her talk「彼女が話すのを聞く」 知覚動詞の hear（→ 例題 50）。/ would sometimes have concluded「結論づけることもあっただろう」 would have p.p.「〜だっただろう」（→ 例題 163）/ conclude that SV「SV だと結論づける」

[解説]

　To hear her talk you would have . . .「彼女が話すのを聞けば、あなたは. . . しただろう」は、To- 不定詞, SV. の型なので例題 13 と同様に「聞くために」となりそうですが、それでは意味が通りません。ポイントは助動詞 would「（もし〜なら）. . . だろう」です。助動詞の過去形で注意すべきは「（もし〜なら）. . . だろう」という仮定法の用法です。If SV「もし SV なら」の意味が文頭の To 不定詞に含まれると考えて、「彼女が話すのを聞けば、. . . だろう」とします。

[訳]

　彼女が話すのを聞けば、彼女が完全な非現実世界に住んでいると結論づけたこともあっただろう。

　なお、would は第 37 講でまとめて取り扱います。

> **演習 9**
> To guard against such threats to human well-being, we must make certain that we have effective systems of regulation in place to ensure that future scientific progress is safe, ethical and environmentally sound. （2000）

第 1 章　文頭のパターン

語注

threat to ～「～に対する脅威」/ well-being「幸福」/ make certain that SV「SV であることを確かめる」/ in place「適所に」/ ensure「保証する」/ ethical「倫理的な」/ sound「健全な」

演習 10

　In Japan, however, to give an opinion in public is to appear too self-centered, and this is a fault in a society where unity of opinion is an important value. The attractive, nearly silent, young assistant emphasizes this value.　　　　　　　　　　　　　　（2002）

語注

in public「人前で、公に」（↔ in private「内緒で」）/ a society where SV「SV するような社会」　where は関係副詞（→ 例題 74）。/ value「価値」/ The attractive, nearly silent, young assistant「魅力的で、ほとんど何も話さない若いアシスタント」　the ＋形容詞₁, 形容詞₂, 形容詞₃ ＋名詞の型（→ 例題 58）。/ emphasize「強調する、目立たせる」

演習 9 の解説

　To guard . . . , we must make certain that . . . 「. . . を守る**ために**私たちは . . . を確かめなくてはならない」は To- 不定詞, SV. 「. . . する**ために** SV」の型。

訳

　人間の幸福に対するそのような脅威から身を守るために、将来の科学的進歩が安全で、倫理的で環境面でも健全であることを保証するために、効果的な規制制度が適所で確実に施行されるように私たちはしなければならない。

演習 10 の解説

　to give . . . is to appear . . . 「. . . を与える**ことは** . . . のように見える**ことだ**」は SVC になる to V₁ is to V₂ の型。In Japan と however は主語にならないので、to give . . . がどこまで続くかを確かめながら主語の範囲を確認する。不定詞句 to give an opinion . . . のあとに is があることで、to give an opinion . . . を述語動詞 is に対する主語だと確定する。なお、同じ「～すること」でも、to-

20

不定詞は「(もし〜するなら) そのこと」の意味であることが、ここでも生かされている。
|訳|
　しかし、日本では人前で意見を述べることが自己中心的過ぎるように映り、このことは意見の統一が重要な価値である社会では欠点になる。魅力的で、ほとんど何も話さない若いアシスタントはこの価値を浮き彫りにする。

第 7 講　文頭の It

　It seems that SV は「**それ**は思われる SV だ」ではなく、「SV のように思われる」が正しい解釈です。文頭の It は that 節のことです。この場合、it≠「それ」であることを確認してください。

> **例題 16**
> 　It is often said that the early Greek thinkers do not bother about observation. 　　　　　　　　　　　　　　　　　　　　　（1963）

|語注|
bother about 〜「〜に苦慮する」 通例、否定文で使う。/ observation「観察」

|解説|
　It is often said that . . . 「. . . としばしば言われる」は、It is said that SV「SV だと言われている」の型です。「**それは**言われている . . .」ではありません。この場合、真主語 that SV に対して、It は仮主語あるいは形式主語と呼ばれます。本書では仮主語で統一します。
|訳|
　初期のギリシャの思想家たちは観察に苦慮しないと言われることが多い。

　仮主語 It を受けるのは名詞・名詞句・名詞節・不定詞・動名詞などです。動名詞を忘れがちなので、気をつけましょう。
　It is no use *crying* over spilt milk.
　「こぼれたミルクを嘆くことは役に立たない」
　ことわざで、「覆水盆に返らず」に当たります。

第1章　文頭のパターン

次に強調構文について考えます。

> **例題 17**
> What was it, then, that bothered the reporters?　　　（1985）

[語注]
then「それから、それなら」/ bother「悩ませる」

[解説]
　この文の was it と that を外すと What, then, bothered the reporters?「それなら、何が記者たちを悩ませたのか」となり、文が成立します。これが強調構文の定義です。疑問詞を含む文などで強調構文が認識しにくいのは、この定義を意識的に押さえていないからです。

[訳]
　それなら、一体全体、何が記者たちを悩ませたのか。

　なお、例題 11 でも触れたように、場面設定の役割を担う then は「それ**から**」と「それ**なら**」です。日本語では「か」と「な」の違いで、とくに「な」の用法に注意してください。

　解釈にスピードが要求される場合、強調構文を瞬時に見抜くことが必要です。そのためには、できるだけ文頭に近い位置で判断をすることです。

> **例題 18**
> It was the spirit of the age of the literary and artistic Renaissance that led to the advance in natural sciences.　　　（1936・医）

[語注]
literary「文学の」/ lead（← led）to ～「～に通じる」/ advance「進歩」

[解説]
　It was the spirit of ～ that led to ...「～の精神こそが ... に通じた」は It

22

was ＋名詞 (the spirit of ... Renaissance) ＋that V (led) の型です。主語になる名詞 the spirit of ... Renaissance が強調されているので、「〈名詞〉こそがまさに V する」「V するのはまさに〈名詞〉だ」と解釈します。

訳
　まさに文学と芸術のルネサンスの時代精神こそが、自然科学の進歩につながったのだ。

　It is ＋名詞＋that ... の名詞の位置は、動名詞の場合でも同じです。
It's having so much time to think that makes me depressed. (1975)
「考える時間があまりにたくさんあることこそが、僕を落ちこませるのだ」

　It is [was] のあとに句や節がくる強調構文を整理しておきましょう。

例題 19
　It was on the train that I realized that I'd gone mad.　　(2014)

語注
go mad「頭がおかしくなる」

解説
　It was on the train that ...「... はまさに電車の中だった」は、副詞句 on the train を強調する強調構文です。次に that SV が登場するのを予想して「that 以下はまさに ...」と解釈します。

訳
　自分がおかしくなってしまったと気づいたのは、まさに電車に乗っているときだった。

　that が which や who になる強調構文もあります。

例題 20
　At that time I lived next door to Robert Furbank, and it was he who came to my rescue when the rent was too overdue to be com-

fortable. (1973)

語注

at that time「その時、当時」/ overdue「期限が過ぎている」/ too overdue to be comfortable「滞納しすぎて居心地が良くない」 too 〜 to V「〜すぎてVできない」(→ 例題123)。

解説

it was he who V ... の型です。it was と who の3語を消すと he came to my rescue「彼は私の救助にやってきた」で文が成立します。

訳

当時、私はロバート・ファーバンクの隣に住んでいて、家賃が滞納しすぎて居心地が悪いときに私の救助にやってきたのはまさに彼だった。

It is not until 〜 that SV「〜になってはじめて[やっと] SV」も強調構文に分類できますが、定型表現として覚えるべき表現です。

例題21

It was not until the time of the Meiji Restoration that the Rising Sun made our national flag. (1928・法)

語注

the Meiji Restoration「明治維新」/ make 〜「〜になる」/ national flag「国旗」

解説

It was not until the time of 〜 that SV「〜の時期になってはじめてSVだった」は、It was not until 〜 that SV. の型です。この型は It was と that の3語を消しても語順を替えると文として成立する強調構文で、「〜になってはじめてSV」と解釈します。

訳

明治維新あたりになってはじめて、日の丸が国旗になった。

「高校に入ってはじめて ... だとわかった」「実際に食べてみてはじめて ... だとわかった」のように、この表現を使いたくなる状況は多く、重要な表現です。定型表現として覚えましょう。

次に強調構文の that [who/which] の省略を考えます。

例題 22
It's more than hints your family needs, Mrs. Brown.　　（1979）

語注

hint「ヒント、暗示」

解説

It's ... hints your family needs「あなたの家族が必要としているのはまさにほのめかし ... だ」は強調構文ですが、that がありません。このように、that が省略されることがあるので注意しましょう。ここも hints の次に that が省略されて、It is ～ (that) SV. の型になっています。

訳

ご家族が必要としているのはまさにほのめかし以上のものですよ、ブラウンさんの奥様。

文頭の It に対して仮主語や強調構文の意識が強すぎると、It が「それ」になる場合にミスをします。あくまで **it＝the＋名詞** が原則で、仮主語や強調構文はその例外だと心得ておきましょう。

例題 23
Snow certainly existed before humans first invented words to describe it. It's a physical phenomenon. But it is also, at the same time, part of shared human experience.　　（2002）

語注

certainly「たしかに、間違いなく」/ invent「発明する」/ describe「説明する」/

第 1 章　文頭のパターン

physical phenomenon「物理的現象」/ at the same time「同時に」

【解説】
　第 2 文の文頭の It's の It も第 3 文の it も、第 1 文の Snow のことです。
【訳】
　人類がそれを説明する言葉を最初に発明する前に雪は間違いなく存在していた。それは物理的現象である。しかし、それはまた同時に共有されている人間の体験の一部でもある。

　英語には、代名詞が受ける名詞を確定したら、以後も原則として変更しないというルールがあります。例題 23 の第 3 文の it はこのルールに当てはまります。

演習 11

It dawned on me that there was a ditch between the grass verge and the hedge, and that the wearer of the hat was down in the ditch.　　　　　　　　　　　　　　　　　　　　　　　　　（1993）

【語注】
dawn on me「私に見えてくる［徐々にわかる］」/ ditch「溝、排水溝」/ between A and B「A と B のあいだ」/ grass verge「草の端」/ hedge「垣根」/ the wearer of the hat「帽子をかぶっている人」　この英文は帽子をかぶっている人を探している場面。

演習 12

And I quite often have the trying experience of forgetting what it is that I have forgotten: There was something this morning that I was trying to remember—something important.　　　（1980）

【語注】
trying「つらい、腹が立つ」/ something . . . that . . . の that は関係代名詞。/ something important「何か重要なもの［こと］」　something ＋形容詞という

名詞修飾の型（→ 例題 52）。

> **演習 13**
> It is precisely because such universal appeal cannot be separated from the system which makes them famous that one should question the idea that the success of artistic works lies within the works themselves.　　　　　　　　　　　　　　　　　　　　（2004）

▎語注▎

such universal appeal「そのような普遍的な魅力」/ makes them famous「それらを有名にする」 make O C の型（→ 例題 43）。なお、them はここでは後ろにも出てくる works「作品」のこと。/ one should ... の one は「人」（→ 例題 175）。/ the idea that the success of artistic works lies ...「芸術作品の成功が ... にあるという考え」 the idea と同格になる that 節で、the idea that SV「SV という考え」の型（→ 例題 184）。/ works「作品」 複数形に注意。

▎演習 11 の解説▎

It ... that SV₁ and that SV₂ の型。等位接続詞 and に注目し（→ 第 23 講）、2 つの that 節の並列を見抜く。It dawns on [upon] that SV「SV であることがわかる」は定型表現としてそのまま覚えておこう。

▎訳▎

草の端と垣根の間に排水溝があり、帽子を被っている人はその排水溝に入っているのだとわかってきた。

▎演習 12 の解説▎

what it is that I have forgotten の it is that を削除して並び替えると文が成立するので、強調構文だとわかる。

▎訳▎

それに、いったい自分は何を忘れてしまったかを忘れるという辛い体験を、私はかなり頻繁にするのだ。思い出そうとしていた、重要なことが今朝あったなあ。

▎演習 13 の解説▎

It is precisely because ... that SV の It is に節が続く型の強調構文。It is

第 1 章　文頭のパターン

precisely because までで because SV という副詞節を強調する強調構文だと見抜き、あとに that SV がくると予想する。

訳
そのような普遍的な魅力と作品を有名にするシステムとがまさに分けられないからこそ、芸術作品の成功は作品自体の内部にあるという考えを人は疑問視すべきなのである。

第 8 講　There で始まる文

本講では、There で始まる文を考えます。

> **例題 24**
> There's an active Flat Earth Society here in the United States.
> (1992)

語注
Flat Earth Society「地球平面協会」　地球が平面体だという考え方を信奉する一派。/ here in ... は「ここ ...」であって、「... のここ」ではない。

解説
There's an ... in the United States「アメリカには ... がある」は、There's a ＋名詞＋場所という基本型です。不定冠詞 an に注目してください。There ＋ be 動詞に続く名詞の前が不定冠詞 a [an] になる場合、この表現法「〈名詞〉が〈場所〉にある」は、〈名詞〉を話の場に登場させる働きに加え、この場合は、「この科学技術の発達した現代のアメリカに、いまだに地球が丸いことを否定する協会**が**あるのですよ」といった含意が見えてきます。

訳
ここアメリカにも、活動中の地球平面協会といった団体があるのだよ。

次に、There ＋ be 動詞＋名詞のあとに現在分詞や過去分詞が続く型を見ていきましょう。例題 25 はアメリカの科学界の雰囲気について述べた文です。

第 8 講　There で始まる文

> **例題 25**
> There are always people coming and going, ceaselessly discussing the latest experiment or theory, arguing in front of a blackboard or over cups of coffee.　　　　　　　　　　　　　　(1972)

語注

ceaselessly「絶え間なく」/ the latest ～「最新の～」/ over cups of coffee「コーヒーを飲みながら」

解説

　There are always people coming は There＋be 動詞＋名詞＋Ving「〈名詞〉が V している」の型です。名詞のあとを助詞「が」で解釈することがポイントです。なお、この文では、現在分詞が coming and going、discussing、arguing と複数並んでいることに注意してください。

訳

　人々が絶え間なく行き来し、最新の実験や理論についてたえず話し合い、黒板の前で、あるいはコーヒーを飲みながら議論している。

　例題 25 で、com**ing** and go**ing** の現在分詞が前の名詞 people を修飾すると考えて「行き来する人々が**いる**」と解釈しても絶対に間違いだとは言えませんが、焦点は「人々」でなく、人々が「何をしているか」なので、意味の焦点がずれます。
　現在分詞が過去分詞になっても考え方は同じです。
There's no effort involved ... it just happens. (2004)
「努力が関わることはない ... それはただ起こるのだ」
There's＋名詞 (no effort)＋過去分詞 (involved) の型。

　次に There is no Ving の型を見ましょう。There is のあとなので Ving は現在分詞ではなく動名詞です。「V する**こと**は存在しない」→「V する**こと**はありえない」という意味になり、It is impossible to V と言い換えられます。

第 1 章　文頭のパターン

例題 26
There is no arguing that we are currently undergoing a profound change in our approach to communication. (2008)

語注

argue「議論する、言い争う」(→ 例題 25) / currently「最近は」/ undergo「こうむる [経験する]」/ profound「深い、重大な」

解説

There is no arguing that ...「... を争うことはできない」は、There is no Ving の型です。It is impossible to argue ...「... を争うのは不可能だ」と言い換えられます。

訳

私たちが現在、コミュニケーションへの接し方において重大な変化を経験していることを争うことはできない。

次に、There のあとに be 動詞ではなく一般動詞がくる There VS. の型を見ましょう。

例題 27
But there came the dreadful night when the Station Master crept out very quietly to the yard where the big heap of coal was. (1974)

語注

the ... night when SV「SV の夜」　when は関係副詞 (→ 例題 74)。/ dreadful「恐ろしい」/ station master「駅長」/ crept out　creep out「忍び寄る」の過去形。/ the yard where SV「SV の庭」　where は関係副詞。/ the heap of coal「石炭の山」

解説

There V (came) S (the dreadful night) の型です。例題 25 で見た「名詞

第 8 講　There で始まる文

の導入」という機能もあり、この場合は「夜」を物語の場に登場させます。
【訳】
　しかし、大きな石炭の山がある庭まで駅長が非常に静かにやってくる恐ろしい夜がきた。

この型は第 9 講の倒置とあわせて整理してください。

演習 14
　All of the other passengers are now back on the bus, and I wonder how much longer the guards will keep me. What will happen, I worry, if the bus leaves without me? We're out in the middle of the desert; there are no other buildings in sight.　　（2003）

【語注】
What will happen, I worry, . . . ?　I worry what will happen if . . .「もし . . . なら、何が起こるのか私は心配だ」の I worry 部分が後ろに挿入されて、外見上、疑問文になったもの。

演習 15
　One evening at home somebody asked to hear a little banjo music. Uncle Allen was especially persistent. I argued that it was too soon for a public performance, but my mother refused to listen. There was no getting out of it.　　（1989）

【語注】
ask to V「V させてほしいと頼む」/ persistent「しつこい」/ refused to V「V しようとしなかった」/ get out of ~「~から逃れる」/ getting out of it　it は a public performance「人前での演奏」のこと。

【演習 14 の解説】
　There be＋名詞＋in sight「目に見えるところに〈名詞〉がある」は定型表現

31

第 1 章　文頭のパターン

としてこのまま覚えておこう。

訳
　他の乗客全員がもうバスに戻っている。衛兵たちはあとどのくらいのあいだ、私を引き留めるのだろうか。バスが私を残して出発したら何が起こるのだろうか。私たちは砂漠のど真ん中だ。ほかに建物は見えない。

演習 15 の解説
　There was no V ing の型で It was impossible to get... と言い換えられる。

訳
　ある晩、家で誰かがバンジョ音楽を少しばかり聞きたいと言った。アレンおじさんは特にしつこかった。人前で演奏するのは早すぎると私が言っても、母はどうしても聞き入れなかった。そこから逃れることができなかった。

第 9 講　文頭の倒置

　倒置とは、本来の語順とは違った語順のことです。倒置が文頭で起こる場合は SV が VS になります。

例題 28
　Nowhere does one become such a target for eyes as in a bus, and particularly in a bus at night when there is nothing to draw eyes outside.　　　　　　　　　　　　　　　　（1960）

語注
one「人」　主語で用いられると「人」の意味（→ 例題 175）。/ eyes「視線」この意味では複数。/ as in...「...におけるのと同じように」（→ 例題 205）/ there is nothing to *do*「すべきものがない」　名詞＋to V「V すべき〈名詞〉」の型（→ 例題 114）。

解説
　Nowhere does one become...「どこにおいても人は...にならない」は、否定語＋VS. という倒置型で、one が主語です。否定語が文頭にあると、否定語

＋VS. の倒置になるのが原則です。**No**where の no が否定を表します。
|訳|
　バスの中、目を引くべきものが外にはない特に夜のバスの中でのように、人が視線の的となる場所はどこにもない。

　次に nor について考えます。

> **例題 29**
> 　I am in the world and I cannot give back my entrance ticket. Nor can I be neutral. 　　　　　　　　　　　　　　　　　　　　　（1967）

|語注|
give back「返却する」/ neutral「中立の」

|解説|
　Nor can I be ...「私はまた ... でいることもできない」は、Nor VS. の倒置型です。文頭に Nor がある場合は VS という倒置が起こります。nor は「〜もまた ... ない」の意味なので、解釈では「また」と「ない」の2つを用いるようにします。
|訳|
　私は世界の中で存在しており、世界への自分の入場券を返却することはできない。私はまた中立であることもできない。

　Neither でも考え方は同じですが（→ 演習 16）、次の場合には注意が必要です。

> **例題 30**
> 　Neither the space nor the things in it were in the room before. The picture, in short, is nothing but a vision. 　　　　　　　（1985）

|語注|
in short「要するに」/ nothing but 〜「〜にすぎない」　only に近い。/ vision「空想、幻想」

第 1 章　文頭のパターン

解説

　Neither the space nor ~ were ...「その空間も~も ... でなかった」は、Neither A nor B ...「A も B も ... でない」の型です。A が the space、B が the things in it で、どちらも were に対する主語です。Neither が nor とセットで用いられる場合は、このように倒置が起こらず、通常の語順です。

訳

　その空間もそこにある物も、どちらも以前は部屋には存在しなかったものだ。要するに、絵というものは幻想に過ぎないのだ。

　So SV. は「そこで［だから］SV だ」と解釈します。
　My curiosity got the better of me, so I got out and hurried to catch up with him.（1993）
「好奇心に負けたので、私は外へ出て彼に追いつくために急いだ」

　では、So VS. という倒置型はどう考えればいいのでしょうか。

例題 31

　If the Englishman's home is his castle, so to an almost unsociable extent is his mind.　　　　　　　　　　　　（1956）

語注

to ~ extent「~の程度まで」/ unsociable「非社交的な」

解説

　so to an ... extent is his mind「また彼の精神も ... の程度までそうである」は、So VS.「... もまた SV」の型です。副詞句の to an ~ extent をかっこでくくって so (to an almost unsociable extent) is his mind とすると、So V (is) S (his mind) の型だとわかり、「イギリス人の精神もまたそうである」→「イギリス人の精神もまた城である」と解釈できます。なお、An Englishman's home is his castle. は「イギリス人はプライバシーを大切にする」ことを表すことわざです。

訳

　もしイギリス人の家庭が城だとすれば、ほとんど非社交的と言えるほどにイギ

第 9 講　文頭の倒置

リス人の精神もまた城なのだ。

So SV. は相手の発言を肯定するだけの表現です。
"He is really studying hard these days." "So he is."
「彼は最近、本当によく勉強している」「本当にそうだね」

So the beautiful woman is . . . は「**だからその美しい女性は . . .**」という意味ですが、So beautiful is the woman . . . はどう解釈すべきでしょうか。

例題 32
So immensely superior to his age was this genius that as a genius he could not obtain recognition for hundreds of years after his death. （1960）

語注

immensely「非常に」/ superior to ～「～より優れている」（→ 例題 145 のあと）/ his age「彼の時代」　ここでは「シェイクスピアの時代」のこと。あとの this genius「この天才」と he もシェイクスピアのこと。/ obtain recognition「認知を手にする」→「認めてもらう」

解説

So ～ was this genius that . . .「この天才はあまりに～なので . . .」は、So ＋（副詞＋）形容詞＋that SV の型です。本来の語順は This genius was so immensely superior to his age that SV. で（→ 例題 208）、So＋形容詞［副詞］＋that SV「あまりに～なので SV」は so が文頭に出た倒置です。

訳

この天才はあまりに強烈に時代を超越していたので、死後何百年ものあいだ認めてもらうことはできなかった。

第 4 講で「文頭が前置詞の場合、まず前置詞の目的語となる名詞を探し、次に文の主語となる名詞を探そう」と述べました。文頭の前置詞に関して、これに付け加えるべき重要な事項を次に考えます。

例題 33

Outside the harbor was the Bristol Channel, and opposite, barely visible, some thirty miles away, the coast of Somerset. (2005)

語注

outside ~「~の外側」/ opposite「向こう側に」/ barely「かろうじて」/ some thirty「およそ30」

解説

Outside the harbor was . . .「港の外側に . . . はあった」は、前置詞句 Outside the harbor のあとに、名詞ではなく動詞 was が先にきています。これは SV が倒置されて前置詞句＋VS の型になったものです。ただし、文頭前置詞句の次が必ず倒置されるわけではない点に注意してください。

訳

港の外側にブリストル海峡があり、向こう側にかろうじて見えるおよそ30マイル離れたところに、サマセットの海岸があった。

文頭の倒置では、Nor VS. や Neither VS. のように必ず倒置する場合（→ 例題29）と、倒置することがある前置詞句の場合（→ 例題33）を明確に区別して整理してください。

Had he done this?「(その時までに) 彼はこれをしましたか」は疑問文です。では、Had he done this, he . . . はどうでしょうか。

例題 34

Had you met him, shaken his hand, you would have found him polite, but unresponsive; either preoccupied, or—or what? (1981)

語注

found him polite　find OC「O が C だと (体験によって) わかる」の型 (→ 例題42) で、O が him、C が形容詞 polite。後ろの unresponsive と preoccupied も polite と並列されている C。/ would have p.p.「~しただろう」(→ 例題163)

第 9 講　文頭の倒置

/ preoccupied「(何かで) 頭がいっぱい」

解説

Had you met him, ...「もしあなたが彼に会って... したなら」が、Had S p.p. の型です。If が省略された目印として文頭の Had 以下が倒置されています。本来の語順は If you had met him, (and if you) had shaken his hand「もしあなたが彼に会い、彼の手を握っていたならば」です。

訳

もし彼に会って彼の手を握ったなら、彼のことを、礼儀正しいけれど反応が鈍い、あるいは上の空、あるいは、いや何なのだよ、と思っただろう。

文頭 If が省略される代表的な型として次のようなものがあります。

> Had S p.p. = If S had p.p.「もし (かつて) ... だったなら」
> Should VS = If S should V「もし (今後) V するなら」
> Were S to V = If S were to V「もし (万が一) V するなら」

この事項は第 11 章 (助動詞と仮定法) で扱うことと合わせて整理してください。

演習 16

We always assume that an interest in the beauty of Nature is a sign of goodness in a person. It is a strange assumption we make and neither do we understand why, generally speaking, we consider Nature to be beautiful.　　　　　　　　　　　　　　(1984)

語注

assume that SV「SV だと思いこむ」　assume の名詞形 assumption は「思いこみ、通念」。/ interest in ～「～に対する興味」/ sign「印」/ a strange assumption we make　名詞＋SV の名詞修飾の型 (→ 例題 63)。/ generally speaking「一般的に言って」/ consider Nature to be beautiful　consider O (to be) C「O を C だとみなす」の型 (→ 演習 45)。

第1章　文頭のパターン

演習 17

Some of our expectations about colleges and universities are unrealistic (and so are some of our expectations about democracy). Teaching is a messy process, an area in which success can be hard to measure or even to define. Research is messy, too.

(2016)

語注

messy「やっかいな」/ a messy process, an area ...「やっかいな過程、つまり...な領域」 N_1, N_2はN_1＝N_2で、N_2がN_1の言い換えになっている型（→例題56）。/ an area in which SV　名詞＋in which SV の名詞修飾の型（→例題66）。/ success can be hard to measure or even to define　S be ～ to V「SをVすることは～だ」の型。主語のsuccessをto Vの後ろに置いて意味を考える（→例題107）。/ measure「測定する」/ define「定義する」

演習 18

Deep below the ground in California and Wyoming are two huge but silent volcanoes. Scientists believe that, were they to explode, these supervolcanoes would set off terrible earthquakes and put the western United States under a thick blanket of ash. (2007)

語注

Deep below ... are two ... volcanoes は文頭前置詞（below ...）の型で、areがV、two ... volcanoesがS（→例題33）。/ huge but silent volcanoes「巨大だが沈黙している火山」 形容詞₁ but 形容詞₂＋名詞の型（→例題97）。/ explode「爆発する」/ supervolcano「巨大火山」/ set off「～を引き起こす」/ put O under ～「Oを～の下におく」/ blanket「毛布」/ ash「灰」

演習 19

Black holes are an example, greatly assisted by the inspired name that the physicist John Archibald Wheeler gave them. Had they

> continued with their original names of "frozen stars" or "gravitationally completely collapsed objects," there wouldn't have been half so much written about them. (2010)

語注
第2文の they と最後の them は「ブラックホール」のこと（→ 例題 23）。/ continue with ～「(～のままで) ～を続ける」/ frozen「凍った」/ gravitationally　gravitational「重力の」の副詞。/ collapse「崩壊する」

演習 16 の解説
neither do we understand は neither VS「S もまた V しない」の倒置型。
訳
　自然の美に関心を持つことは、その人における善良さの印なのだと私たちは常に思いこんでいる。それは私たちが行う奇妙な仮定であり、一般的に言えば、私たちがなぜ自然を美しいと考えるのかもまた理解していない。

演習 17 の解説
so are some of . . . democracy は so VS の型。V は are、S は some of . . . democracy で、so は unrealistic のこと。本来の語順にすれば、some of . . . democracy are unrealistic となる。
訳
　大学に関する私たちの期待の一部は非現実的である（民主主義に関する私たちの期待もまたそうである）。教えることはやっかいな過程、すなわち成功を測定しさらに定義することが困難でありうる領域である。研究もまたやっかいだ。

演習 18 の解説
　文中に挿入されている were they to explode は if S were to V「万が一 S が V なら」の if が省略されて were S to V に倒置された型。If S were to V は可能性がごく低いと筆者が考える内容を表す場合に用いる（→ 例題 167）。なお、they は主節の主語 these supervolcanoes のこと。
訳
　カリフォルニアとワイオミングの地下深くに巨大な死火山がある。万一これらの巨大火山が爆発したなら、ものすごい地震を引き起こして、アメリカ西部を灰の濃い毛布の下に置くだろう。

第 1 章　文頭のパターン

■演習 19 の解説■
　Had they continued with . . . は仮定法過去の従属節 If they had continued . . .「(もし過去に) . . . を続けていたなら」が倒置された型。

■訳■
　ブラックホールも一例で、物理学者のジョン・アーチボルド・ホイーラーがそれに付けた見事な名前によって大いに助けられた。もし、ブラックホールがもとの「凍結した星」や「重力的に完全に崩壊した物体」という名前のままだったなら、ブラックホールに関して半分も書かれてこなかっただろう。

第 1 章のポイント

- □ 文頭の S sv ... の型は 2 つの可能性がある。　→ 例題 1 / 演習 1
- □ 文頭の Ving には 2 つの可能性がある。　→ 例題 2、例題 3
- □ 主語の Ving は単数扱い。　→ 例題 2 / 演習 2
- □ 文頭の過去分詞は、文頭の現在分詞の型にして考える。　→ 例題 4
- □ 文頭の形容詞、文頭の名詞も上と同じ。　→ 例題 5 / 演習 4
- □ 分詞構文は、隠れた S を顕在化させるのが習得のコツ。意味は「... て」「... ら」「... と」とする。　→ 例題 3、例題 4、例題 87 / 演習 49
- □ 文頭の前置詞句の中に主語はない。　→ 例題 6 / 演習 5
- □ 節の先頭の前置詞句も上と同じ。　→ 例題 7 / 演習 6
- □ Like 〜, SV. と Unlike 〜, SV. はセットで整理する。　→ 例題 8
- □ Although SV は「しかし SV」ではない。When SV や Because SV などと同じアプローチで。　→ 例題 9
- □ カンマより、文頭の接続詞が出す信号を優先する。　→ 例題 10
- □ 文頭の接続詞のあとに 3 つ以上の SV が続く場合、and と then が意味の切れ目を見つける目印になる。　→ 例題 11 / 演習 7
- □ 文頭の For は、接続詞か前置詞かを判別する。　→ 例題 12 / 演習 8
- □ 文頭の To V は「V するため」を大原則とし、それ以外は例外として整理する。　→ 例題 13、例題 14、例題 15 / 演習 9
- □ 同じ「〜こと」でも、to V と動名詞の意味は根底で異なる。　→ 例題 14 / 演習 10
- □ It =「それ」が原則。　→ 例題 23
- □ It ≠「それ」になる場合。　→ 例題 16 / 演習 11、演習 13
- □ 仮主語 It を受けるのは名詞 [動名詞]・名詞句・名詞節である。　→ 例題 16
- □ 強調構文の定義を意識的に覚える。　→ 例題 17 / 演習 12
- □ It is [was] ... の ... の段階で強調構文を見抜く。　→ 例題 18、例題 19 / 演習 13
- □ It is [was] ... that の that に代わる語が 2 つあり、その 3 つの語は省略の可能性がある。　→ 例題 20、例題 22
- □ It is not until ... の型は、この表現法の意義とともに覚える。　→ 例題 21
- □ 代名詞に名詞を代入したら、特段の事情がないかぎり変更しない。　→ 例題 23
- □ There be 〈名詞〉... は名詞を話の場に導入する。　→ 例題 24

- [ ] There be〈名詞〉Ving [p.p.] の型は意味の重点が移動する。 → 例題 25
- [ ] There be no Ving は It is impossible to V と言い換えられる。 → 例題 26 / 演習 15
- [ ] 倒置が必ず起こる型は Nor [Neither] VS（→ 例題 29 / 演習 16）と So VS（→ 例題 31 / 演習 17）。
- [ ] ただし、Neither A nor B . . . は別の型。 → 例題 30
- [ ] 原則として倒置が起こる型は否定語＋VS。 → 例題 28
- [ ] 倒置の可能性のある型は There VS（→ 例題 27）と、文頭の前置詞句（→ 例題 33）。
- [ ] 文頭 So＋形容詞［副詞］のあとは that SV の型を予想。 → 例題 32
- [ ] 倒置を見たら「if の省略」と発想。 → 例題 34 / 演習 18、演習 19

第2章
Sの交代

> 「文の主語は、主語変更の信号がないかぎりはその文の動詞の主語になる」というルールがあります。本章では、**「主語変更の信号」**によってSVの関係に変化が起こる場合を学びます。

第10講　Ving、to Vと付帯状況の意味上の主語

　動詞には、その動詞が表す動作や状態の主体となる名詞があるはずです。文を表すSVの主語と異なる場合、そういった主体を「意味上の主語」と呼びます。文の主語とは異なるので、その場合には「主語変更の信号」と言えるものがあります。まず、Vingの意味上の主語について考えます。

> **例題 35**
> This wear is the result of a century of people walking up and down from their flats.　　　　　　　　　　　　（2014）

語注

wear「磨耗」　This wearは筆者が住むアパートの共用階段が磨耗していること。/ flat「アパート」

解説

　people walking「人々が歩くこと」は名詞＋Vingの型で、この場合はpeopleがwalkingの意味上の主語なので、people walk「人々が歩く」の意味を踏まえて解釈します。なお、意味上の主語であることを明確に示すためにpeople's walkingのように名詞が所有格になることもあります。

訳

　この摩耗は、1世紀のあいだ人々が自分の部屋から歩いて行き来した結果だ。

　次はこの名詞＋Vingの型が文頭に登場して全体が主語になっている例です。

Men **eating** with women had been taboo since the beginning of Hawaiian time, but Liholiho had been influenced by European culture. (2003)

「男性が女性と食事をすることはハワイ人時代の初めからタブーであったが、リホリホはヨーロッパ文化に影響されてきていた」

なお、eating を現在分詞と考える「食べている男」という解釈（→ 例題 54）は不適切です。動名詞の本質は行為であり（→ 例題 14）、taboo「タブー」という概念は行為と結びつくからです。

省略されやすい語句の中でも、being, to be, oneself の 3 つには要注意です。ここでは、being と to be について考えます。

例題 36
One end of the wire was in his home, the other end down in the drug store four blocks away. (1993)

語注
One end ... the other end「一方の端 ... もう一方の端」 one N_1 ... the other N_2 の型で、原則として N_2 は省略されるが、ここは表記されている。。

解説
the other end ...「他方の端は ... 」は、the other end being down ... の **being** が省略された型です。being の直前の名詞 the other end は例題 35 で見たように being の意味上の主語なので、「もう一方の端**は**」と解釈します。

訳
電話線の一方の端は彼の家に、もう一方の端は 4 ブロック離れたドラッグストアにあった。

例題 36 で the other end **was** down とすることはできません。カンマだけで 2 つの SV を結ぶことはできないので、一般的に SV, SV. の型は成立しません。方法としては、① カンマをセミコロンにする（→ 例題 101）、② 接続詞を用いる（→ 例題 38）、③ 分詞構文にする、④ 関係詞を用いる、があります。例題 36 で being を補うのは、③ の「分詞構文にする」に当たります。

第 10 講　Ving、to V と付帯状況の意味上の主語

> **例題 37**
> I put my hand on my mother's arm to stop her going inside.
> (2000)

［語注］

put ~ on ...「~を...に置く」/ ... to stop ~「...して~を止める」と「~を止めるために...する」(→ 例題 112) の意味になるが、ここはどちらでもよい。

［解説］

stop her going inside「彼女が中に入ることを止める」は stop O Ving「O が V する**こと**を止める」の型です。この場合、going の意味上の主語は her なので、she goes inside「彼女は中に入る」か she is going inside「彼女は中に入りつつある」を踏まえて解釈します。

［訳］

私は手を母の腕に置いて、母が中に入ろうとするのを止めた。

次の文の O Ving も同様です。
Just imagine yourself flying in the night sky.
「自分が夜空を飛んでいるのを想像してごらん」

> **例題 38**
> When I was six or seven years old, I used to take a small coin of my own, usually a penny, and hide it for someone else to find.
> (2009)

［語注］

used to V「かつては V した (が、今は V していない)」/ a ... of my own「自分自身の...」/ hide「隠す」

［解説］

for someone else to find「他の誰かが見つけるために」は for 人 to V「〈人〉

45

第 2 章　S の交代

が V するために」の型です。to find の意味上の主語が someone else です。
訳
　6歳か7歳のとき、たいていはペニー貨だったが、私は自分自身のコインを持っていき、他人が発見できるようにそれを隠したものだった。

　前置詞 with を用いて主語の交代を示すのが付帯状況の構文です。

例題 39
　Honolulu had become Hawaii's largest city, with one out of every four Hawaiians living there, but surfing was now a rarity there.
(2003)

語注
one *out of* [*in*] ~ (every) four「4（ごと）に1」/ rarity「まれなこと［物/人］」

解説
　with one out of every four Hawaiians ...「4人に1人のハワイ人が...」は、付帯状況の構文です。前置詞 with は、文の主語から別の意味上の主語に変更するという印です。with S_2 be 動詞 ~ で S_2＋be 動詞＋~ の関係を踏まえます。この場合は one out of every four Hawaiians was living で「4人に1人のハワイ人が住んでいた」となります。
訳
　ホノルルはハワイ最大の都市になっており、4人に1人のハワイ人がホノルルに住んでいたが、サーフィンはそこでは珍しいものになっていた。

　付帯状況に関しては、$S_1 \neq S_2$ の場合、$S_1 V_1$ with S_2 be 動詞 ~ であると理解しておけば足ります。
　なお、付帯状況が文頭にくることもあります。
　"With your father gone," my mother explained, "I'm afraid I'm having to let one of the spare rooms."（2000）
　「『お父さんがいなくなって、残念だけど空いている部屋の1つを貸さざるをえないのじゃないかと思うの』と母が説明した」

Your father is gone ... がもとの型です。let は「(不動産を)貸す」の意味です。

演習 20

So far from its being true that we learn by repetition, repetition is absolutely incapable of accounting for learning. If repetition were the real key to learning, then the more we repeated anything the better we should learn it. 　　　　　　　　　　(1980)

語注

far from ~「~から遠い」→「~などというものではない」/ repetition「繰り返し」/ be incapable of Ving「Vできない」/ account for ~「~を説明する、~の理由［原因］になる」/ key to ~「~(へ)の鍵」/ the more SV₁, the better SV₂　The＋比較級＋SV₁, the＋比較級＋SV₂。「SV₁ すればするほど、ますます SV₂ する」の型(→例題 143)。/ we should learn it　助動詞 should の意味は「~するべき」か「~するはず」(→例題 161)。

演習 21

I would have slipped away and left my mother and my sister to argue, not with each other but with my grandmother, each separately conducting a running battle as they prepared for the night out. 　　　　　　　　　　(2002)

語注

would have p.p.「~だっただろう」(→例題 163) / slip away「こっそり逃げる」/ leave O to V「O が V するままにして去る」/ not with each other but with my grandmother　not X but Y「X ではなく Y だ」の型。この場合、X が with each other、Y が with my grandmother という前置詞句。/ conduct「行う、指揮する」/ a running battle「長引く争い」/ prepare for ~「~の準備をする」

第2章　Sの交代

演習 22

He followed excitedly, meaning to overtake but lacking the courage. He imagined his stammering voice saying dull, awkward things about lessons and the weather and could only imagine her saying conventional things in response.　　　　　　　(1999)

語注

He は通学中に前を歩く女友だちに声をかけられない男の子。/ He followed ..., meaning ... but lacking ...　SV, Ving₁ but Ving₂ の型の分詞構文（→ 例題 87）。/ mean to V「V するつもりだ」/ overtake「追い越す」/ stammering「しどろもどろの」/ dull, awkward things「退屈でぎこちないこと」　形容詞₁, 形容詞₂ ＋名詞の型（→ 例題 58）。2 つの形容詞がそれぞれ名詞を修飾。/ conventional「伝統的な、型どおりの」/ in response「答えて」

演習 23

One afternoon they were by the west window in the sitting-room with the chess-board between them, and Frank had to admit that he was beaten again. "It must be dull for you, playing with me," he murmured.　　　　　　　(1975)

語注

they は入院中の Frank とお見舞いに来た Mary のこと。/ sitting-room は、「居間」と「（ホテルなどで）ベッドに付属した部屋」で、ここは後者。/ admit that SV「（自ら一歩下がる形で）SV だと認める」/ beat「負かす」/ murmur「ささやく」

演習 20 の解説

So far from its being true that SV「SV が真実であることから程遠い」は its being true that SV の全体が from の目的語で、前置詞の後ろで be 動詞が動名詞 being になり、その意味上の主語（ただし、この場合は仮主語）の it が所有格 its になっている。it is true that SV「SV であることは事実である」を踏まえて解釈する。

第 10 講　Ving、to V と付帯状況の意味上の主語

訳

　私たちは反復によって学習するということは真実からほど遠く、反復で学習を説明することは絶対にできない。もし反復が学習に対する真実の鍵であるなら、どんなことでも繰り返せば繰り返すほど、それだけ学習できるはずだ。

演習 21 の解説

　I would have slipped ... and left ..., each separately conducting ... が、SV₁ and V₂, 名詞（each）＋Ving（conducting）の型。解釈するときは、前から SV を順番に処理していく。each separately conducting a running battle は each（was）separately conducting a running battle で、「それぞれが別々に長引く喧嘩を行っている」となる。

訳

　私はこっそり逃げて、母と姉をお互いとではなく祖母と喧嘩をさせておき、夜の外出の準備をしながら、おのおのが別々に喧嘩をしている状況にしておくこともあっただろう。

演習 22 の解説

　imagined his ... voice saying ... と imagine her saying ... は imagine O Ving「O が V しているのを想像する」で、O が his ... voice と her、Ving がどちらも saying ... となる。her saying ... を「彼女のことわざ」や「彼女の言うこと」と解釈するのは間違い。

訳

　彼はわくわくしながらあとを着いて行き、追い越すつもりだったが、彼には勇気が欠けていた。彼は自分のしどろもどろの声が授業や天候についてつまらなくてぎこちないことを言っているのを想像し、返答して彼女が型どおりのことを言っているところしか想像できなかった。

演習 23 の解説

　with the chess-board between them が付帯状況の構文。the chess-board **was** between them「チェス盤は彼らのあいだにあった」を踏まえて「チェス盤**が**彼らのあいだにある状況で」と解釈する。なお、**It must be dull for you, playing with me** は It が仮主語で playing ... が真主語となる動名詞（→ 例題 16 のあと）。

第2章　Sの交代

|訳|
　ある午後、2人はチェス盤をはさんで病室の西向きの窓際に座っていた。フランクは自分がまた負けたことを認めざるをえなかった。「僕とチェスをしても君には退屈にちがいない」とフランクはつぶやいた。

第 11 講　第 5 文型の考え方

　第5文型の文は主語＋述語動詞＋目的語＋補語（SVOC）で構成されます。この型では、目的語＋補語（OC）も文に還元することができ、「第5文型は2つの文が1つに圧縮された文」と説明できます。SVOC を SV_1 と SV_2 に分けることで、第5文型が理解できます。それを便宜的に $SV_1+SV_2 \to SV_1 \langle S_2 \text{ to } V_2 \rangle$ と表します。

例題 40
　His new feeder system caused the ink to move safely down from storage inside the pen body to the specially designed pen tip, or "nib."　　　　　　　　　　　　　　　　　　　　　　　（2009）

|語注|

feeder system「フィーダーシステム、インク供給システム」/ storage「インクタンク」/ pen body「胴軸、本体」/ the . . . tip, or "nib" は 名詞$_1$, or 名詞$_2$ で 名詞$_1$＝名詞$_2$（→ 例題 57）。/ nib「ペン先、ニブ」

|解説|

　His . . . system caused the ink to move「彼の . . . システムは、インクが動くことを引き起こした」が第5文型です。His . . . system caused 〈the ink to move〉なので、SV_1 が His new feeder system caused、SV_2 が the ink moves になります。「彼の新しいフィーダーシステムが引き起こした」＋「インクが動く」なので、「彼の新しいフィーダーシステムはインクが動くことを引き起こした」と解釈できます。

|訳|
　彼の新しいインク供給システムによって、ペン本体内部のインクタンクから特別に設計されたペン先、すなわち「ニブ」にインクが無事に流れた。

50

なお、cause O to V は英語の型どおりに「O が V することを引き起こした」という日本語を介して解釈しても、「(S が原因で) O が V する」を媒介としてもどちらでも構いません。大切なのは、自分なりの解釈の方法を決めておくことです。それを繰り返しているうちに、英語のまま日本語を介さずに理解できるようになります。

なお、help O C で C に動詞がくる場合は、to V でなく to が省略されて動詞の原形になるのが原則です。

Those pictures helped me understand why.（2011）
「それらの絵は私が理由を理解する手助けになった」
→「それらの絵のおかげで私は理由が理解できた」

演習 24

After reading for an hour, I realize that bad as conditions are now, they are infinitely better than they used to be. This enables me to see and face my present troubles in their proper perspective as well as to realize that the world as a whole is constantly growing better. (1994)

語注

bad as conditions are「条件は悪くても」 形容詞＋as SV の型で、意味は **though** conditions are bad と考える（→ 例題 206）。/ infinitely「無限に」/ than they used to be「以前（の彼ら）より」 used to V「かつては〜だった（が、今は〜していない）」（→ 例題 38）を基本に、「彼らがかつてそうであったより」と解釈する。/ in their proper perspective「彼らの適切な見方［観点］では」/ as well as 〜「〜だけでなく、〜は当然として」/ the world as a whole「世界全体」 as a whole「全体として」

演習 25

Life is not chess but a game of backgammon, with a throw of the dice at every turn. As a result, it is hard to make predictions. But in a world with any regularity at all, decisions informed by the past

51

第2章　Sの交代

> are better than decisions made at random. That has always been true, and we would expect animals, especially humans, to have developed sharp intuitions about probability.　　　　　(2002)

▌語注

not chess but a game of backgammon「チェスでなくバックギャモン」　not X but Y「XではなくY」(→演習21)。backgammon「バックギャモン」は西洋のすごろく。/ at every turn「たえず、あらゆる局面で」/ prediction「予言」/ at all「いやしくも」　肯定文での表現法 (→例題131)。/ decisions informed by ...「...によって情報を与えられた決定」と decisions made at random「アトランダムになされた決定」は名詞＋過去分詞の名詞修飾の型 (→例題55)。/ intuition「直感」　ここでは複数の -s の具体化の働きを読みとる。/ probability「確率」

▌演習24の解説

　This enables me to see and face ... as well as to realize that SV「これは私を SV だと悟らせるだけでなく、...を見て直面させる」は enable O to V₁ and V₂ as well as to V₃ の型。それぞれ I see and face と I realize がもとになっていることを踏まえて解釈する。例題40で述べたように、「これによって、私は...できるようになる」と解釈してもよい。いずれにしても、自分の態度を決めておくことが大切。

▌訳

　1時間の読書のあと、今は状況が悪いものの、以前よりもはるかによくなっていることに私は気づく。このおかげで、世界全体はたえずよりよくなっていると悟るだけでなく、彼らの適切な見方で自分の現在の問題が見えてきて直視できるのだ。

▌演習25の解説

　expect animals ... to have developed ...「動物...が...を発展させてきたものだと思う」は expect O to V「OがVすると予想する[思いこむ]」の型。animals have developed「動物が発達させてきた」を踏まえる。

▌訳

　人生はチェスではなくサイコロゲームであり、あらゆる局面でサイコロが振られる。その結果、予想をするのは難しい。しかし、いやしくも何らかの規則性を

52

有した世界においては、過去の情報による決断は無作為になされる決断よりも優れている。それが昔から真実であり、動物、特に人間は確率に対して鋭い直感を発展させてきたものだと私たちは思うだろう。

第 12 講　第 5 文型の代表的動詞

　本講では、第 5 文型を代表する語として keep、leave、find、make を取り上げます。手始めに、leave と keep について見ましょう。leave と keep をペアで考えるのは、leave/keep ＋名詞＋形容詞の型が共通で意味も近いからです。

> **例題 41**
> We hide saws and chisels; we lay ladders flat instead of leaving them propped against things; and we shut the garden gate.
> (1980)

語注
冒頭の We は子供を持つ両親。/ hide「隠す」(→ 例題 38) / saw「のこぎり」/ chisel「のみ」/ flat「平たい」/ instead of ～「～の代わりに」/ propped「立てかけた状態で」 prop「立てかける」の過去分詞形で、形容詞の働きをしている。/ against ～「～にもたれさせて」

解説
　leaving them propped「それらを立てかけた状態のままにしておくこと」は leave O C「O を C のままにしておく」の型です。prop**ed** の語尾の -ed に注目し、形容詞の働きの過去分詞だと判断します。lay ladders flat「ハシゴを横に寝かせる」も (S) VOC の C が形容詞になっている第 5 文型ですが、lay は典型的な第 5 文型の動詞ではないので、それに準じたものと考えてください。

訳
　私たちはノミとノコギリを隠し、梯子は物に立てかけたままにせずに横に寝かせて、庭戸を閉める。

　we は「子どもたち」に対する代名詞です。一般に we ⇔ they [you] の関係にあるので、「子どもたち」を代名詞で表すなら they になるでしょう (→ 演習 8)。

53

第2章　Sの交代

代名詞 we は「こちら側」を示し、何かに対する「こちら側」を想起させます。たとえば、例題1の Our relation to the books we come across「私たちが出会う本に対する関係」の we と our は「本」に対しています。一般論では we を用いないのですが、その理由は we を使うと、they や you が対立概念として出てくるからです。英語表現の際、一般論を論じる場合は you を使うのはこのためです。

次に keep について考えます。leave との意味の違いは、leave の「〜のままにしておく」という「放置」であるのに対して、keep は「〜に保っておく」で「意志」が感じられる点です。次の例文は keep O C「O を C の状態に保つ」の C に、形容詞の働きの過去分詞 unseen「見えない状態で」がきています。

Defensive architecture keeps poverty unseen. It conceals any guilt about leading a comfortable life. (2016)
「防衛的な建築は貧困を見えない状態に保つ。それは快適な生活を送ることについてのどんな後ろめたさをもおおい隠すのだ」

次に find を考えます。find O C は「（経験によって）O が C だとわかる」→「（そのプロセスを経て）O が C だと思う」の意味で、C には形容詞か形容詞相当語句がきます。

> **例題 42**
> I tried to visit my neighborhood zoo one afternoon but found it closed for renovations. （1992）

【語注】
tried to V but ...「V しようとしたが ...」で、tried to V は V が成就しなかったことを暗示する。/ my neighborhood zoo「私の近所の動物園」　名詞＋名詞の型で、前の名詞が形容詞の働きをする（→ 例題56）。/ renovation「改装」

【解説】
found it closed「それが閉じているとわかった」は find O C の型です。O の it は my neighborhood zoo のこと、C の closed は形容詞です。it was closed「それは閉じられていた」を踏まえて解釈します。

第 12 講　第 5 文型の代表的動詞

訳
　ある日の午後、私は近所の動物園を訪ねようとしたが、動物園は改装のため閉まっているとわかった。

　find O Ving の O の位置に oneself があると「(気がつくといつのまにか) 自分は V している」という意味になります。次の例文で確かめてください。なお、例文中の for her の her は母親（＝I）の娘です。

"I'd do anything for her," she found herself saying aloud, "anything."（2008）
「『彼女のためなら私は何でもするわ』と彼女は声に出して言っていた。『何でもよ』」

　最後に、make O C で C が形容詞か名詞になる場合と、その応用の型である make it＋形容詞＋for ～ to V の型を見ましょう。ここでは make＝「する」を前提に、make O C は「O を C にする」と解釈します。次の例文で確かめてください。なお、副詞 specifically「具体的に」は形容詞 human を修飾します。

What makes us specifically human?（2000）
「何が私たちを具体的に人間らしい状態にするのか」

make O C の応用形が make it＋形容詞＋for ～ to V の型です。

例題 43

　When we make it impossible for the poor to rest their weary bodies at a bus shelter, we also make it impossible for the elderly, for the handicapped, for the pregnant woman who needs rest.
（2016）

語注
the poor「貧しい人々」 the＋形容詞で「～な人々」の意味で、次の the elderly「年配者」も the handicapped「障がい者」も同じ（→ 例題 173）。/ weary「疲れた」/ bus shelter「屋根付きバス停」 雨に濡れないようにアクリルなどで覆われたバス停のこと。/ pregnant「妊娠した」

第2章　Sの交代

解説

　we make it impossible for the poor to rest . . . 「貧しい人々が . . . を休めることを私たちは不可能にする」は make it ＋形容詞＋ for 〜 to V の型です。make it impossible for the elderly . . . でも同じ型が繰り返され、文末に to rest . . . が省略されています。it ＝ for 〜 to V です。

訳

　貧しい人たちがバス停で疲れたからだを休められないようにすると、お年寄りや身体が不自由な人や休息が必要な妊婦もまた休憩できないようにしてしまう。

　make ＋名詞＋名詞の make OC も同じように考え、「O を C にする」と解釈します。

The success of the coffee-house made coffee a popular commercial product.（2011）

「喫茶店の成功がコーヒー**を**人気商品**にした**」

→「喫茶店の成功によって、コーヒーが人気商品になった」

　make a nuisance of *oneself* to 〜は「〜の迷惑になる」の意味の定型表現ですが、make A of B「B を A にする」から「〜に対して自分自身**を**厄介者**にする**」ということです。このように make A of B は「B を A にする」と解釈します。

What a mess you are making of it!（1996）

「あなたはそれ**を**なんとめちゃめちゃな状態**に**しているのか」

→「あなたはひどい思い違いをしているのだよ！」

例題 44

　Besides, it seemed impossible to sell him to the public. How do you make a folk hero of a man who is unwilling to play the part?

（1985）

語注

besides「それに」/ him はアポロ 11 号のアームストロング船長のこと。/ the public「大衆、民衆」/ folk「民衆の」/ be unwilling to V「V する意志がない」/ play the part「その役割を果たす」

解説

make a folk hero of a man who ...「...の男を民衆のヒーローにする」が make A of B「B を A にする」の型で、A が a folk hero、B が a man who ...に当たります。

訳

それに、彼を大衆に売りこむのは不可能だと思われた。その役割を果たす意志がない男をどうやって民衆のヒーローにできるというのか。

演習 26

Sadly the women moved away from their homes and village, where most of them left a husband looking after the cattle, reinforcing houses and stables, and helping to dig out the ruins from under the heaps of snow. (1988)

語注

Sadly「悲しいことに」 文修飾の副詞（→ 例題 90）。雪崩に襲われた村についての記述。/ where most of them left　where SV「(そして、)そこでは SV」の型（→ 例題 74）。/ cattle「家畜」/ reinforce「強化する」/ stable「小屋」/ dig out「掘り出す」/ the ruins「廃墟」/ heap「塊、山」（→ 例題 27）

演習 27

What happens if one day we find ourselves with instruments that can detect untruth not only in the struggle against terrorism but also in situations that have little to do with national security: job interviews, tax inspections, classrooms, bedrooms? (2009)

語注

one day「ある日、いつか」/ instrument「器具」/ detect「見つけ出す」/ instruments that can detect untruth「間違いを見つけ出せる道具」 名詞＋that V の型で、that は関係代名詞（→ 演習 8）。/ not only A but also B「A だけでなく B も」/ struggle against ～「～との闘争」/ have little to do with

第2章　Sの交代

〜「〜とはほとんど関係がない」/ national security「国家の安全保障」

> **演習 28**
> If they exclude the tradition of the past from the curriculums of the schools they make it necessary for each generation to repeat the errors rather than to benefit by the successes of preceding generations. (1978)

語注

exclude「排除する」/ tradition「伝統」/ curriculum「カリキュラム、教育課程」/ rather than 〜「〜ではなく、〜よりもむしろ」(→ 例題 145) / benefit「恩恵を受ける」/ preceding「先立つ、以前の」/ generation「世代」(→ 演習 5)

演習 26 の解説

　left a husband looking after . . . , reinforcing . . . , and helping . . . 「夫に . . . の面倒をみさせて . . . を強化して . . . を助けるようにしておいた」は leave O C の C に形容詞の働きをする現在分詞を 3 つ並列させている。

訳

　悲しいことに、女たちは自分の家や村を離れ、そこでは女たちのほとんどが、夫が家畜の面倒をみて、家屋と小屋を補強し、雪の山の下から廃墟を掘り出す手伝いをするように残して去った。

演習 27 の解説

　we find ourselves with instruments「私たちは私たち自身を器具と一緒に見つける」は find ourselves **being** with instruments の being が省略されたと考え (→ 例題 36)、find *oneself* Ving「気がつくと (いつの間にか) . . .」の意味を汲み取ることで、この文を正しく解釈できる。

訳

　テロとの戦いだけでなく、国家の安全保障とはほぼ無関係の状況、たとえば就職面接や税金調査や教室や寝室で、ある日気がつくと嘘がわかる器具があったとしたら、何が起こるのだろうか。

演習 28 の解説

make it necessary for ~ to repeat ... rather than to benefit ... 「~が ... に恩恵を受けるというより、むしろ ... を繰り返すことを必要にする」は make it＋形容詞＋for ~ to V₁ rather than to V₂ の型。

訳

彼らが過去の伝統を学校のカリキュラムから排除したら、それぞれの世代が前の世代の成功から恩恵をこうむるよりむしろ、誤りを繰り返すことが必然になるのだ。

第 13 講　使役動詞

　使役動詞とは SVOC の第 5 文型で、C に動詞の原形がきて、「S が O に C させる」の意味になる動詞のことです。日本語でも「せ」「させ」の使役を意味する言葉があります。純粋な使役動詞は make、have、let の 3 つですが、それに get を足して 4 つと考えたほうがいいでしょう。

　make が使役動詞として使われる場合は、「（相手の意志に関わりなく無理に）... させる」の意味になります。

例題 45
Seeing those pictures made me feel a lot better.　（2011）

語注

a lot better 「断然よりよい」　a lot は比較級 better の強め。

解説

made me feel ... 「私に ... だと感じさせた」は make O C で C が動詞の原形になる型です。me feel を SV に還元した I felt を踏まえて解釈します。「（私の意志とは関係なく）私は ... の気分になった」ということです。

訳

それらの写真を見ると私は断然よりよい気分になる。

　次に let を考えます。let は「（相手の意志どおりに）... させる」の意味になり

第 2 章　Ｓ の交代

ます。強制の make に対して自由の let で、意味が対立します。

> **例題 46**
> "When you've got a sensible answer," she said, "let me know what it is."　　　　　　　　　　　　　　　　　　　　（2001）

語注

sensible「分別がある、理にかなった」

解説

　let me know「私に知らせる」は let Ｏ Ｃ で Ｃ に動詞の原形がくる型です。ここで重要なのは Ｏ（この場合「私」）に知りたいという意志がある点です。なお、Let me know ... は「私に ... を知らせてください」の意味の定型表現としてこのまま覚えましょう。

訳

「もしあなたが理にかなった答えを思いついたら、それが何なのか私に教えてね」と彼女は言った。

　Time passes.「時間は通り過ぎる」という状況を放置しておくのが、let time pass です。流れているかのような時間に手を加えない状況は使役動詞 let で表現できます。
　Such persons may let time pass. Indeed time is not a factor to such people.（1987）
「そのような人たちは時間を通過させているのかもしれない。実際、そのような人にとって、時間は要因ではないのだ」

　使役動詞 let は allow とセットで覚えましょう。ただし、let Ｏ Ｃ の Ｃ には動詞の原形がきますが、allow Ｏ Ｃ の Ｃ は to Ｖ になります。

> **例題 47**
> Many of these are harmless lies that allow us to get along with one another.　　　　　　　　　　　　　　　　　　　　（2009）

第 13 講　使役動詞

|語注|
these は「嘘とわかっている嘘」のこと。/ harmless「害のない」/ lie「嘘」/ lies that allow　名詞＋that V の型で、that は関係代名詞（→ 演習 27）。/ get along with ～「～とうまくやっていく」/ one another「お互い」　副詞句ではなく名詞句である点に注意。

|解説|
　allow us to get along は「私たちがうまくやっていけるようにさせる」です。allow O to V「O が V するのを許可する」→「O に V させる」で、let us ~~to~~ get along と言い換えられることを見据えて解釈します。to の有無に注意しましょう。
|訳|
　これらの多くは、私たちにお互いうまくいくようにさせる害のない嘘である。

　allow＝「許す」に縛られないようにしましょう。let の「させる」と同じように「させる」で解釈していいのです。

　ここからは get を見ます。get を使役動詞に分類する場合は、make、let、have と型の面で明確に分けて覚える必要があります。使役動詞で C が動詞の原形となるのは make、let、have の 3 つだけです。

例題 48
　Just getting Mum to give her permission to go to the dance had been hard enough.　　　　　　　　　　　　　　　　　　　　(2008)

|語注|
Mum「ママ」/ give her permission to V「彼女に V する許可を与える」/ dance「ダンスパーティー」

|解説|
　getting Mum to give「ママに与えてもらう［与えさせる］こと」は get O to V の型です。ask O **to** V「O に V するように頼む」→ get O **to** V「O に V してもらう（→ V させる）」という流れで、to が必要であることを覚えるといいでしょう。

第 2 章　S の交代

訳

ママにダンスパーティーに行く許可を出させるだけでも、その時までは十分に難しかった。

ある型で用いた場合、have と get にはどちらも「～してもらう、～される」という意味になる表現法があります。

> **例題 49**
> Perdita consented, but she was afraid of having her speech examined by a stranger.　　　　　　　　　　　　　　　　（2011）

語注

consent「同意する」/ speech「話し言葉」/ examine「調べる」

解説

having her speech examined「彼女の話し言葉を調べてもらうこと」は have O＋過去分詞の型です。O＋過去分詞は her speech is examined「彼女の話し言葉が調べられる」という文に戻して解釈しましょう。

訳

ペルディタは同意したが、彼女は自分の話し言葉が見知らぬ人によって調べられるのが怖かった。

get O＋過去分詞の例文を見てみましょう。

More serious lies can have a range of motives and implications; for example, lying about a rival's behavior in order to get him fired. (2009)

「より深刻な嘘は幅広い動機と影響を持つ可能性がある。たとえば、**彼を首にしてもらう**ために、ライバルの行動について嘘をつくことである」

get him fired「彼を首にしてもらう」が get O＋過去分詞の型です。

> **演習 29**
> Would such a "far-sighted" policy lead to the formation of the

第 13 講　使役動詞

child's personality and self-fulfillment? The few known exceptions, such as Mozart, whose father locked him in his room as a child and made him study music for hours on end, merely confirm the general rule.　　　　　　　　　　　　　　　　　　　　　　　　（1992）

語注

far-sighted「先まで見通す」/ policy「政策、方針」/ leat to 〜「〜に通じる」/ personality「パーソナリティ、個性、人格」/ self-fulfillment「自己実現」/ exception「例外」/ such as 〜「たとえば〜」（→ 例題 210）/ Mozart「モーツアルト」/ whose father → Mozart's father（→ 例題 69）/ as a child「子どものとき」（→ 例題 201）/ for hours on end「何時間もぶっ通しで」/ merely「(たがが)〜にすぎない」/ confirm「確かめる」

演習 30

What is nationality? On what is it based? Not on race—most of the nations of Europe are of too mixed and uncertain origin to have blood count for much. The skull measurements in the different parts of the continent suggest totally different divisions from the modern and political ones.　　　　　　　　　　　　　　　　　　　（1926・文）

語注

nationality「国籍」/ On what is it based「それは何に基づいているのか」 be based on 〜「〜に基づいている」/ Not on race.「人種に基づいてはいない」 It is not based on race の省略。否定の節の省略は not だけを残す（→ 例題 117）。/ are of too mixed and uncertain origin to have ...「混じりすぎて不確かすぎる起源なので ... させられない」 too 〜 to V「〜すぎて V できない」（→ 例題 123）/ of 〜 origin「〜 起源の」/ count for much「たいへん重要である」/ skull「頭蓋骨」/ measurement「測定」/ ones「もの」 ここは複数名詞の divisions のこと（→ 例題 174）。

演習 29 の解説

　made him study「(強制して)彼を勉強させた」は make O to V の型。he studies「彼が勉強する」を踏まえて解釈する。使役動詞の let ではなく make が

使われているので、モーツアルトは音楽を勉強したくないのに ... の表現である。
訳
　そのような「先々まで見据えた」方針は子どもの人格形成や自己実現につながるのだろうか。父親が部屋に閉じこめて子どものころ何時間も続けて音楽を勉強させたモーツアルトのような希少で有名な例が、この一般原則を裏づけているにすぎない。

演習 30 の解説
　have blood count for much「血が非常に重要だとする」は have O C の C に動詞の原形がくる型。blood counts for much「血がたいへん重要だ」を踏まえて解釈する。

訳
　国籍とは何だろうか。それは何に基づいているのか。人種ではない。ヨーロッパのほとんどの国民は混交が進みすぎて不確かすぎる起源なので、血はあまり重要ではない。大陸各地における頭蓋骨の測定は、現代の政治的な区分とは全く異なる区分を示唆しているのである。

第 14 講　知覚動詞

　see「〜が見える」や hear「〜が聞こえる」のように、外側から情報や刺激を受け取ることを表す動詞を知覚動詞と言います。知覚動詞は動詞のあとに続く型が共通しています。

　知覚動詞は 3 つの型があります。

> **例題 50**
> He saw her pass in the hall on the way to the front door. (1984)

語注

in the hall「廊下で」/ on the way to 〜「〜への途中」

解説

　saw her pass「彼女が通るのを見た」は知覚動詞 O ＋動詞原形の型です。「彼

女のパス**を**見た」は、saw のあとに O V がくることを予想できなかったために起こる間違いです。「彼女**を**」ではなく「彼女**が**」と解釈するのがポイントです。
🔲訳
　彼女が正面玄関のドアへの途中で廊下を通る（→ 彼女が廊下を通って正面玄関へ向かう）のを彼は見た。

　知覚動詞＋O＋現在分詞は知覚動詞＋O＋動詞の原形とほぼ同じ状況を表すと考えてかまいません。
　She was alone and heard people talking in low voices, and she caught her name.（1983）
「彼女は一人ぼっちで、人々**が**低い声で話しているのを聞いていると、自分の名前が聞こえてきた」
　catch *one's* name は「自分の名前が話題に出されているのが聞こえる」という意味です。

　heard people talking は知覚動詞＋O＋Ving「O が V しているところを知覚する」の型です。なお、この文で、知覚動詞＋O＋動詞の原形「O が V するのを知覚する」ではなく、Ving が用いられているのは、進行形の本質（→ 第35講）、特に例題148の用法を参照してください。

　3番目の型は、知覚動詞＋O＋過去分詞です。この場合は、O と p.p. とが受け身の関係になる点に注意してください。I heard my name call**ed**.「私は自分の名前**が**呼ばれるのが聞こえた」は知覚動詞＋O＋p.p. で、my name was called を踏まえて解釈するので、「名前**が**呼ぶ」のではなく「名前**が**呼ば**れる**」となります。

　「...のにおいがする」の smell も外側から情報や刺激を受け取る状況で用いると知覚動詞になります。
　Do you smell something burning?
「焦げ臭くないかい」
　さらに、「〜に耳を傾ける」の listen to 〜、「〜に目を向ける」の look at 〜、「〜を注意して見る」の watch、「〜が感じられる」の feel も知覚動詞になります。
　On their way down, the researchers could feel the pressure build and

65

第2章　Sの交代

the temperature rise as they went deep into the Earth. (2008)
「降りていく途中に、地球の中へ深く入っていくにつれて、研究者たちは気圧が増し、気温が上がるのを感じることができた」

feel the pressure build and the temperature rise「気圧**が**増し、気温**が**上がるのを感じる」が feel＋O＋原形動詞「O が〜するのを感じる」の型で、この文では feel O₁ V₁ and O₂ V₂ と2つの OV が並列されています。

◆◆◆◆◆◆◆◆◆◆◆◆◆◆◆◆◆◆◆◆◆◆◆◆◆◆◆◆◆◆◆◆◆◆◆◆

演習31

A few years ago, as I was walking down the street in New York, I saw, at a distance, a man I knew very well heading in my direction. The trouble was that I couldn't remember his name or where I had met him.　　　　　　　　　　　　　　　　　　(2006)

[語注]

at a distance「少し離れたところに」/ a man I knew very well「私がよく知る男」　名詞＋SVの型で、関係代名詞の省略（→例題63）。/ head in my direction「私の方向に進む」

演習32

It was odd to see her name listed so boldly—"E. Sampson, Spiritualist"—in the entrance hall beside the lift, among the dentists, photographers, and my own Miss McIntyre.　　　　(2013)

[語注]

It was odd to see ...「...を見るのは奇妙だ」　It は仮主語で、真主語は to see ... boldly（→例題16）。/ odd「奇妙な」/ listed「リスト化される」　list「リスト化する」の過去分詞。/ boldly「大胆に、ずうずうしくも」/ Spiritualist「心霊師、スピリチュアリスト」/ in the entrance hall「玄関ホール［エントランスホール］で」/ my own Miss McIntyre「私のマッキンタイアさん」　筆者がピアノの個人教授を受けていたマッキンタイア先生のこと。

第 14 講　知覚動詞

演習 31 の解説

saw ... a man ... heading「... 男が向かっているところが ... 見えた」は知覚動詞＋O＋Ving「O が V しているところを知覚する」の型。a man の後ろに a man を修飾する SV があるが、それに惑わされず Ving を探すこと。

訳

何年か前、ニューヨークの街を歩いていると、少し離れたところに、私がよく知る男が私のほうへ歩いて来るのが目に入った。問題は、私が彼の名前やどこで彼に会ったのかを思い出せないことだった。

演習 32 の解説

see her name listed「彼女の名前がリスト化されているのが見える」は知覚動詞＋O＋p.p.「O が〜されるのを知覚する」の型。「彼女の名前が**リスト化されている**のが見える」であって「彼女の名前**が**リスト化**する**」のではない点に注意。

訳

エレベーター横の玄関ホールで、歯科医や写真家や私のピアノのマッキンタイア先生の中に、厚かましくも「E. サンプソン・心霊術師」と、彼女の名前がリストに掲載されているのを目にするのは奇妙だった。

第2章　Sの交代

第2章のポイント

- □ 文のSは、その文に登場するすべての動詞のSになるのが原則。ただし、「S変更の信号」がある場合は例外。
- □ Vingの主語は直前の名詞または代名詞の所有格で示す。　→例題35／演習20、演習21
- □ to Vの主語は直前のfor〈名詞〉で示す。　→例題38
- □ 省略される可能性がある文の要素ベスト3は、being（→例題36／演習27）、to be、oneselfである。
- □ カンマでSVは結べない。　→例題36
- □ セミコロンはSVを結ぶ。　→例題101
- □ 接続詞はSVを結ぶ。　→例題38など
- □ 分詞構文はSVを結ぶ。　→例題3など
- □ 関係詞はSVを結ぶ。　→例題64など
- □ 動詞＋名詞（S_2）＋Ving（V_2）の型で、主語を変更する動詞がある。　→例題37／演習22
- □ 付帯状況構文とは$S_1 \neq S_2$の場合、$S_1 V_1$ with S_2＋be 動詞...になる文のことである。　→例題39／演習23
- □ 第5文型の本質は、$S_1 V_1 + S_2 V_2$ → $S_1 V_1 + S_2$ **to** V_2。　→例題40／演習25
- □ cause...やenable...などは、解釈の媒介とすべき日本語を自分なりに決めておく。　→例題40／演習24
- □ leaveとkeepは同じ型でまとめる。　→例題41／演習26
- □ find＋名詞＋形容詞がfindの重要語法。　→例題42
- □ find *oneself* Vingをその関連で押さえる　→演習27
- □ make＝「する」を前提に、make it〈形容詞〉for〈名詞〉to Vの型（→例題43／演習28）やmake A of Bの型（→例題44）を理解する。
- □ make [let] O＋原形動詞をmakeとletの意味の違いから押さえる。　→例題45、例題46／演習29
- □ allow O to Vはlet O＋原形動詞との比較で押さえる。　→例題47
- □ ask O **to** V→get O **to** Vの関係からtoが必要なことを押さえる。　→例題48
- □ have [get] O p.p.の型でhaveとgetは一緒に整理する。　→例題49
- □ 知覚動詞は3つの型（2グループ）で整理する。　→例題50／演習31、演習32

第3章
名詞修飾の型

> 「文の要素」とは、文が成立するのに不可欠な品詞である名詞、動詞、形容詞のことです。本章では文の要素になり、「...こと」「...もの」を表現する、名詞を修飾する型について考えます。

第15講　名詞＋形容詞

　日本語では名詞を修飾する語は必ず名詞の前に置かれます。たとえば、名詞「本」を「分厚い」「おもしろい」「図書館で借りた」が修飾する場合、「図書館で借りた、分厚い、おもしろい、**本**」となり、「分厚い**本**、おもしろい、図書館で借りた」はありえません。それに対して、英語では「名詞＋形容詞」の語順が可能です。これは日本語と英語の決定的な違いの1つです。だからこそ注意が必要なのです。

例題51
When a story is told from the heart, it is true communication, natural and straightforward.　　　　　　　　　　（1984）

語注
straightforward「率直な、わかりやすい」

解説
　true communication, natural and straightforward「自然で率直な真のコミュニケーション」で、true communication「真のコミュニケーション」は日本語と同じ語順です。それに対して、natural と straightforward は「コミュニケーション ← 自然で率直な」という具合に日本語にはない語順で名詞を修飾します。

訳
　物語が心から語られるとき、それは自然で率直な真のコミュニケーションにな

英語では名詞＋形容詞の語順が原則である場合があります。

> **例題 52**
> All in all, the old British idea of the game and the rule of the game is something worth considering. （1977）

[語注]

all in all「概して」/ the idea of ～「～に対する考え」 of =「～に対する」/ worth considering「考慮する価値がある」 worth は目的語がとれる形容詞で、動詞がくるときは動名詞になる（→ 例題5）。/ consider「思いをやる、考慮する」（→ 演習16）

[解説]

something worth considering「考慮する価値があるもの」は some**thing** ＋形容詞の型です。something や nothing など -thing となる名詞を形容詞が修飾する場合、-thing の直後に置くのが原則です。

[訳]

概して、ゲームとゲームの規則に対する古くからのイギリス人の考えは考慮するに値するものだ。

次に名詞＋else の型を考えましょう。

> **例題 53**
> In these wanderings together Jennings probably saw deeper into one side of Porter's life than anyone else had ever seen. （2010）

[語注]

wanderings「放浪の旅」 この意味では複数形で用いる。

[解説]

anyone else は「**そのほかの誰であっても**」の意味です。形容詞 else は any-

や some- などの不定代名詞や疑問詞などのあとに置かれて、「(その) ほかの」の意味になります。

訳
　共にしたこの放浪の旅で、ジェニングズには、ほかの誰もが見てきたよりもより深くポーターの人生のある側面がたぶん見えただろう。

> **例題 54**
> So, the lonely scientist fighting against all odds can triumph.
> (2001)

語注

against all odds「見こみがほとんどないのに、不利な条件で」/ can「〜でありうる」 can は「〜でありうる」(可能性) と「〜できる」(能力) で、ここは前者。/ triumph「大成功する」

解説
　the lonely scientist fight**ing** against ...「... と戦っている孤独な科学者」は名詞＋形容詞の型で、形容詞の働きをする現在分詞句が後ろから名詞句 the lonely scientist を修飾します。

訳
　だから、見こみがほとんどないのに戦う孤独な科学者が大成功する可能性がある。

> **例題 55**
> So Perdita arrived at a clinic building attached to the children's hospital.
> (2011)

解説
　a clinic building attached to ...「... に付いている病院の建物」は名詞＋形容詞の型で、過去分詞句 attached to ... が後ろから名詞句 a clinic building を修飾しています。「Y 付属 (の) X」は X attached to [affiliated to/with] Y と、型を意識して丸暗記しましょう。

第3章　名詞修飾の型

訳
そこで、ペルディタは小児病院の付属診療所に着いた。

Lincoln, the 16th President of the United States「第16代アメリカ大統領リンカーン」は N₁, N₂「N₁、すなわち N₂」の型で、名詞＝名詞の関係です。

例題 56
　A 19th-century novelist, Onoto Watanna, once wrote enormously popular stories in English about the West and Japan.　　（2009）

語注
novelist「小説家」/ enormously「とてつもなく、非常に」/ the West「西洋」

解説
　A 19th-century novelist, Onoto Watanna「19世紀の小説家、オノト・ワタナ」は N₁, N₂ の型で、名詞＝名詞になります。

訳
　19世紀の小説家であるオノト・ワタナは、西洋と日本に関する非常に人気のある小説をかつて英語で書いたことがある。

　なお、world peace「世界（の）平和」、math teacher「数学（の）教師」など、カンマなしの名詞＋名詞の型は前の名詞が形容詞の働きをする場合があります。

　名詞₁, or 名詞₂ も名詞₁＝名詞₂になる可能性があります。

例題 57
　We have a system that gives us conflicting advice from two powerful sources—logic and instinct, or the head and the gut.
　　　　　　　　　　　　　　　　　　　　　　　　　　（2015）

語注
a system that gives ...「...に与えるシステム」　名詞＋that V の型で、that

第 15 講　名詞＋形容詞

は関係代名詞（→ 例題 47）。/ conflicting「対立する」/ instinct「本能」/ gut「腹（の中）、直観」　日本語の「ガッツ」は guts で複数形。

|解説|

logic and instinct, or the head and the gut「論理と本能、つまり頭と腹」は N_1, or N_2 が名詞＝名詞の意味になる型です。

|訳|

2 つの強力な源である、論理と本能、すなわち頭と腹から、対立する忠告を自分たちに与えるシステムが私たちにはある。

形容詞＋名詞の語順の場合に注意すべき点があります。

例題 58

He was going down a steep, icy slope on skis and below him there was a deep dark gully.　　　　　　　　　　　　　(1983)

|語注|

on skis「スキーを履いて」/ below ～「～の下（一面）に」/ gully「峡谷(きょうこく)」

|解説|

a steep, icy slope「**急で、凍った**斜面」は不定冠詞＋形容詞$_1$, 形容詞$_2$＋名詞の型です。これは形容詞$_1$≠形容詞$_2$で、2 つの形容詞がカンマで並列されています。a steep and icy slope と表現されたのと基本的には同じです。

|訳|

彼はスキーを履いて急で凍った斜面を下っており、眼下には深い暗い谷があった。

演習 33

Of course, all this is extremely valuable, and some people, original, quick-witted, fluent in thought and word, thrive in this atmosphere.　　　　　　　　　　　　　　　　　　　(1972)

73

第 3 章　名詞修飾の型

[語注]

all this　アメリカの科学会では人や情報の交流が極めて盛んであること。/ extremely「極端に」/ quick-witted「機転が利く」/ fluent「流暢な」/ thrive「栄える、成功する」/ in this atmosphere「この雰囲気では」　最初に述べたアメリカ科学会の雰囲気。

演習 34

　In our recent search for the origin of life on Earth, we have made a series of fascinating discoveries of microbes that thrive thousands of meters beneath the surface, at extremely high temperatures and pressures. Within the rocks and clays, these microbes have access to water but often little else that we would consider necessities. For example, many have been cut off from sunlight for hundreds of millions of years.　　　　　　　　　　　　　　　　　　(2008)

[語注]

origin「起源」/ a series of ～「一連の～」/ fascinating「魅惑的な」/ microbe「微生物、病原菌」/ beneath ～「～の下に」/ Within the rocks and clays, ...「岩と粘土の内部で ...」　Within ..., SV の文頭前置詞の型（→ 例題 6）。/ have access to ～「～に近づける、～が手に入る」（→ 演習 7）/ ... we would consider necessities「私たち [人間] なら必需品であると考えるであろう ...」　名詞＋that SV の型で、that は関係代名詞。consider O C の O が欠けている節が、前の名詞句 little else を修飾している。/ necessities「必需品、不可欠なもの」/ be cut off from ～「～から隔離される、～から遮られる」

[演習 33 の解説]

　some people, original, quick-witted, fluent in ...「独創的で頭の回転がはやく ... において流暢な一部の人」は名詞＋形容詞₁, 形容詞₂, 形容詞₃の型で、some people は後ろから 3 つの形容詞に修飾されている。

[訳]

　もちろん、このことはすべて極めて貴重であって、独創的で頭の回転がはやく、思考や言葉が流暢な一部の人はこの雰囲気では成功する。

第16講　名詞＋前置詞句

演習34の解説
little else「そのほかのもの（はほとんど...ない）」は名詞＋elseの型で、littleは「限りなくゼロに近いもの」という意味の名詞。

訳
地球上生命の起源の最近の捜索において、地下の何千メートルで、極端に高い温度と圧力の中で繁茂する微生物に関してわくわくするような一連の発見を私たちはしてきた。岩と粘土の内部において、これらの微生物は水は手に入るが、人なら必需品だと考えるだろうそれ以外のものはほとんど得られないことが多い。たとえば、多くの微生物は数十億年のあいだ太陽光から隔絶されてきている。

第16講　名詞＋前置詞句

I met the boy in New York yesterday. という文で「昨日、私はその少年に**ニューヨークで会った**」と解釈すれば in New York は述語動詞 met を修飾する副詞句です。それに対して、「昨日、私は**ニューヨークの少年**に会った」と解釈すれば、in New York は名詞 the boy「その少年」を修飾する形容詞句です。このように、述語動詞＋名詞＋前置詞句の前置詞句は、副詞句と形容詞句のどちらの可能性もあります。

例題59
Another legend claims that Spanish pirates hid their precious horses on these lonely islands. (2006)

語注
legend「伝説」/ claim that SV「SVだと主張する」/ Spanish「スペインの」/ pirate「海賊」/ hid「隠した」 hide「隠す」の過去形（→ 例題38）。/ precious「貴重な」

解説
hid their precious horses **on these lonely islands** の前置詞句 on ... islands は形容詞句なら「〜の馬を隠した」、副詞句なら「〜に馬を隠した」です。どちらが正しいかは文脈から判断するしかありませんが、ここは副詞句で解釈します。

75

第3章　名詞修飾の型

▶訳

もう1つの伝説では、スペインの海賊が自分たちの貴重な馬をこういった孤立した島々に隠したのだとしている。

次に、名詞＋前置詞句が形容詞句に限られる例を見ましょう。

例題 60

Napoleon in his wrath once called the English a nation of shopkeepers. （1924・文）

▶語注

Napoleon「ナポレオン」/ wrath「激怒」/ called the English a nation of ...「イギリス人を...の国民と呼んだ」 call O C「OをCと呼ぶ」（→ 例題81）/ shopkeeper「店主、商人」（＝storekeeper）

▶解説

Napoleon in his wrath ... called「激怒したナポレオンは...呼んだ」は名詞＋前置詞句＋述語動詞の型です。前置詞句までが文の主語になるこの型では、前置詞句は必ず形容詞句です。「ナポレオンは**激怒して**...呼んだ」（副詞句）ではなく、「**激怒した**ナポレオンは...呼んだ」（形容詞句）です。

▶訳

激怒したナポレオンは、イギリス人を商人の国民と呼んだ。

ところで、He is of my age.「彼は私と同い年だ」はHe is **a man** of my age. のa manが省略されたものです。このようにN₁ of N₂のうちN₁が省略されることがあります。

My favorite memory of all is **of sitting** as an eight-year-old between Dick and my mother, waiting for the distinguished physicist Albert Einstein to give a lecture.（1990）

「ほかでもない私が最も好きな記憶は、8歳の少年のときにディックと母のあいだに座って、有名な物理学者のアルバート・アインシュタインが講義するのを今か今かと待っていた**記憶**だ」

S is **the memory** of sitting ... からthe memoryが省略されていると考え

ます。

次に N₁ of N₂ to V の型を見ていきましょう。

例題 61
Democracy is unthinkable without the ability of citizens to participate freely in the governing process. (2006)

語注

democracy「民主主義」/ unthinkable「考えられない」/ citizen「市民」/ participate「参加する」

解説

the ability of citizens to participate「市民**の**参加**する**能力」は N₁ of N₂ to V「N₂ が V する N₁」の型です。the ability to participate というつながりが先にあり、the ability の所有者が of citizens で付加されています。citizens は同時に動詞 participate の意味上の主語になっている点にも注意してください。

訳

統治の過程に自由に参加できる市民の能力なしに、民主主義は考えられない。

理屈で考えるより、the ability of N to V「N の V する能力」という型のまま覚えましょう。類例に the power of N to V があります。あわせて整理してください。

the power of the word to inspire the listener (1984)
「聞き手を鼓舞する言葉の力」

例題 62
The key point has been to emphasize a combination of wildlife protection and local development. (2004)

語注

emphasize「強調する、目立たせる」(→ 演習 10) / wildlife protection「野

第3章　名詞修飾の型

生生物（の）保護」　名詞＋名詞で、前の名詞が形容詞化する（→ 例題56）。/ local「地元の、現地の」/ development「開発、発展」

解説

combination of wildlife protection and local development「野生動物保護と地元の発展との組み合わせ」は a combination of A and B「AとBの組み合わせ」の型です。a combination of を見たら、この型が予想できるようにしましょう。

訳

重要な点は、野生動物の保護と地元の開発との組み合わせを強調してきたことだ。

N_1 of N_2 to V になる重要な名詞をまとめておきます。

N_1 of N_2 to V の重要表現
the ability of N to V「NがVする能力」
the power of N to V「NがVする力［権力］」
the failure of N to V「Nが（十分に）Vできないこと」
the right of N to V「NがVする権利」
the tendency of N to V「NがVする傾向」

演習 35

It is also not clear how difficult and costly this would be, nor is it known if the task could be done by robots or would require human supervision. Although some space agencies have explored asteroids with robots and the possibility of human missions has been discussed as well, no specific plans for mining asteroids have yet been made.　　　　　　　　　　　　　　　　　　　　(2010)

語注

It is not clear how ...「どれくらい ... であるかは明確ではない」　It は仮主語

で真主語は how 〜 SV（→ 例題16）。/ costly「コストがかかる」 副詞ではなく形容詞。/ nor is it known「知られてもいない」 nor VS＝S not V, either「〜もまた．．．ない」（→ 例題29）/ nor is it know if SV「SV かどうかもまた知られていない」 it は仮主語で真主語は if SV。/ supervision「監督」/ space agency「宇宙機関」/ explore「探検［探査］する」/ asteroid「小惑星」/ mission「使節団、（宇宙船の）特務飛行」/ ．．．as well「また．．．」/ specific「具体的な」/ mine「（鉱石を）を掘り起こす」 ここでは隕石を掘り起こすこと。

演習36

The influence of the printing press upon the matter printed appears nowhere more clearly than in connection with the novel, which in the machine age is the outstanding literary form.（1957）

語注

printing press「印刷機」/ the matter printed「印刷された物」→「印刷物」 the printed matter が通常の言い方。/ in connection with 〜「〜との関連において」/ outstanding「目立った、顕著な」/ literary「文学の」（→ 例題18）

演習37

This failure of the family to provide the fundamental satisfaction which in principle it is capable of yielding is one of the most deeply rooted causes of the discontent which is widespread in our age.
（2014）

語注

provide「供給する、与える」/ satisfaction「満足」/ in principle「（現実はともかく）原則は」/ be capable of Ving「V できる」/ yield「生む、与える」/ rooted「根ざした」/ cause of 〜「〜の原因」/ discontent「不満」/ widespread「広まっている」/ in our age「現代に」

演習35 の解説

have explored asteroids with robots「小惑星をロボットで探査してきた」

第3章　名詞修飾の型

の前置詞句 with robots は形容詞句ではなく副詞句。文脈から判断する。
▶訳
　これがどれだけ困難でコストがかかるだろうかもまた明らかではなく、その仕事はロボットならできるのか、あるいは人間の監督を必要とするのかどうかもまたわからない。たしかに一部の宇宙機関はロボットを使って隕石を探査してきて、有人探査機の可能性もまた議論されてきたが、隕石を掘り起こす具体的な計画はまだ立てられていない。

▎演習36の解説
　The influence of the printing press upon the matter printed「印刷機の印刷物への影響」は the influence [effect] of A upon [on] B「AのBへの[に与える]影響」の型。
▶訳
　印刷機が印刷物に与える影響が小説との関連においてより明確に現れているところはなく、機械時代の今、小説は顕著な文学形態である。

▎演習37の解説
　This failure of the family to provide ...「家族が...を供給できないこと」は the failure of N to V「Nが（十分に）Vできないこと」の型。The family fails to provide ...「家族が...をうまく供給できない」を見据えて解釈する。
▶訳
　家族が原則としては生み出すことができる根本的な満足を、このように家族がうまく供給できないことが、現代に広まる不満の最も根深い原因の1つである。

第17講　名詞＋関係節

　名詞のあとにカンマなしで SV が続く名詞＋SV の型は、関係代名詞の省略だと判断してよい唯一の型です。

> **例題63**
> 　All the effects which science produces are the outcome of the knowledge it provides.　　　　　　　　　　　　　　(1980)

第 17 講　名詞＋関係節

[語注]
effect「効果、影響」/ outcome「結果、成果」/ provide「供給する、与える」
(→ 演習 37)

[解説]
　the knowledge it provides「それがもたらす知識」は、名詞＋SV の型です。「それがもたらす知識」のように、「S は」でなく「S が」と解釈します。

[訳]
　科学が生み出すすべての効果は、科学が与える知識の成果である。

　関係代名詞 who は名詞（＝人）＋who V の型になります。では、次の場合はどうでしょうか。

例題 64
　Those who live in cities, for example, regularly find their way through a sea of strangers, deciding to avoid certain individuals they feel are not safe.　　　　　　　　　　　　　　　(2009)

[語注]
Those who live in ...「... に住む人々」　those who V「V する人々」(→ 例題 186) / regularly「規則正しく、定期的に」/ find *one's* way through ...「... をかき分けて進む」/ a sea of strangers「見知らぬ人の海」　都会の雑踏の比喩。a sea of ～ で「たくさんの～」。/ a certain individual「ある種の個人」　限定用法の certain は「確実な～」と、意味を曖昧にする「ある～、某～」。ここは後者。

[解説]
　individuals they feel are not safe「彼らが安全ではないと感じる個人」は名詞＋SV の型に be 動詞が続いています。例題 63 で考えたように、名詞＋SV の型から関係代名詞の省略です。そして、who は名詞（＝人）＋who V の型なので、individuals who are not safe「安全でない個人」となります。この文はこれに they feel が挿入された型で、「安全ではない（と彼らが感じる）個人」と解釈します。

81

第3章　名詞修飾の型

訳
たとえば、都会に住んでいる人は、安全ではないと自分が感じるなにがしかの人たちを避けようと決めて、見知らぬ人だらけの中をかき分けて進むのだ。

名詞＋関係代名詞に sv が挿入された型には、次のような 3 つのパターンがあります。

> (1) **名詞＋関係代名詞＋〈sv〉V の型**
> a man who I think is a close friend
> 「私が親友だと思っている男」
>
> (2) **名詞＋関係代名詞＋〈sv〉SV の型**
> a city which I assume I once visited
> 「自分がかつて訪れたと私が思いこんでいる町」
>
> (3) **(1)(2) の関係代名詞が省略された型**（→ 例題 64）

関係詞に代入すべき名詞を先行詞と言います。先行詞は関係詞に先行するということですが、先行詞が関係詞の直前にない場合もあります。

例題 65

No one can act wisely who has never paused to think about how he is going to act and why he decides to act as he does.　（1963）

語注

pause to think「止まって考える、じっくり考える」/ how he is going to act「彼がどのように行動するつもりか」、「（この状況では）彼がどのように行動するようになるのか」（→ 例題 150）/ why he decides to act「なぜ彼が行動することにするのか」/ as he does「彼が（行動）するように」（→ 例題 202）

解説

No one can act wisely who ...「...の誰もが賢明に行動できない」は名詞＋who V の型ですが、先行詞 no one と関係代名詞 who が離れています。

訳

自分はどのように行動するつもりなのか、自分はなぜそのように行動することにするかについてじっくり考えたことのない人は、賢明に行動できない。

次に前置詞＋関係代名詞の型を考えます。関係詞は基本的に新たな節の始まりを示しますが、この型では前置詞が新たな節の始まりになります。

> **例題 66**
> Discovery is not the sort of process about which the question "Who discovered it?" is appropriately asked.　　　　　　（2014）

語注

appropriately「適切に」

解説

the ... process about which the question ... is「それに関して問いが ... の ... 過程は」は、名詞＋前置詞（about）＋which SV の型です。解釈するときは which は「それ」と解釈すればよいので、「... の過程」→「**それに関して** ... という問いが適切に発せられる」という流れで解釈します。

訳

発見は、その過程に関して「誰がそれを発見したか」という問いが適切に発せられる種類の過程ではない。

上でも示したように、関係代名詞は which＝「それ」、who＝「その人が [は]」、whom＝「その人を」と置き換えることで、素早く解釈できるのです。

> **例題 67**
> He finds no clues into its labyrinth of detail and can mount no heights from which to get a perspective of its arrangement.
> 　　　　　　（1984）

83

第3章　名詞修飾の型

語注

He は「子ども一般」のことで、its は「現代社会の」のこと。/ clue「手がかり」/ labyrinth「迷宮」/ mount「登る」/ heights「高い所」/ perspective「観点、(大局からの) 視点」

解説

no heights from which to get . . .「そこから . . . を手に入れるべき高みも (. . . ない)」は名詞＋前置詞＋which to V の型です。考える手順として、something to drink「飲む (べき) 物」→「飲み物」から出発して「(それから) . . . を手に入れるべきゼロの高み」→「. . . を手に入れるべき高みは (. . . ない)」のようにすればいいのです。

訳

彼には細かいその迷宮に入る手がかりも見つからないし、そこからその配列を大局的に見る視点を手に入れる高みに上ることができない。

なお、前置詞＋関係代名詞の型で使われる関係詞 that はありません。

次に名詞＋of＋関係代名詞の型を考えましょう。

例題 68

He falls back into Persian, only some of which I understand.

(2003)

語注

fall back into ～「～に戻る」/ Persian「ペルシャ語」/ only「しか . . . ない」

解説

Persian, only some of which I understand「私のその一部しかわからないペルシャ語」は、「ペルシャ語」→「そのうちの一部だけしか私はわからない」という手順を踏みます。

訳

彼はまたペルシャ語を話すが、私はその一部しかわからない。

第 17 講　名詞＋関係節

次に関係代名詞 whose について考えます。関係詞は先行詞となる名詞を修飾する節の始まりを示す語であって、関係詞自体に意味はありません。解釈するときは、関係詞に先行詞を代入して、英語の順番で解釈していけばいいのです。関係代名詞は、いわば先行詞を代入する□（＝空箱）で、たとえば、who＝□、which＝□だとすれば、whose は□′ で、最初からポストロフィーの 's を内包した関係詞です。

例題 69

I got up and told a story I had heard from a white-haired librarian in Toronto whose name I have forgotten.　　　　　　（1984）

語注

a story I had heard「私がそれまでに聞いた話」　名詞＋SV の型で、story と I のあいだに関係代名詞の省略（→ 例題 63）。/ white-haired「白髪の」/ librarian「図書館員」

解説

a ... librarian ... whose name I have forgotten は名詞＋whose N SV の型です。「図書館員」→「その人の名前を私は忘れてしまった」と、先行詞を代入して英語の順番で解釈します。

訳

私は立ち上がって、その人の名前は忘れてしまったが、トロントの白髪の図書館員から私が聞いた話をした。

次に文頭名詞の直後に関係節が入る型を考えます。

例題 70

The judgement which the biographer makes depends on his own understanding of morality.　　　　　　（1970）

語注

biographer「伝記作家」/ depend on 〜「〜に拠る、〜しだいだ、〜に左右さ

第 3 章　名詞修飾の型

れる」/ morality「道徳、モラル」

解説

　The judgement which the biographer makes depends on . . .「伝記作家が下す判断は . . . に拠る」は、文頭が名詞＋which . . . ＋V の型です。文の主語になる最有力候補である文頭の名詞の直後に関係詞がくると、その関係節が終わったあとに述語動詞が登場します。この場合も、まず The judgement に続く関係節の範囲を意識しながら、主語の The judgement に対応する述語動詞となる depends を探します。

訳

　伝記作家が下す判断は、彼自身のモラルに対する理解に左右される。

　which の前にカンマがあると、「それ」ではなく、「その**こと**」と解釈する可能性が出てきます。

例題 71

"Where are we going?" I asked. He did not reply, which was his way of telling me to mind my own business.　　　　　　（1993）

語注

reply「返答する」/ tell me to mind my own business「私自身のことを気にするように私に言う」→「余計なお世話だと私に言う」

解説

　He did not reply, which was . . .「彼は答えなかったが、**そのことは** . . . だった」は、SV₁, which V₂ で、V₂ は単数を受ける動詞 was です。which の前に代入すべき先行詞もなく、動詞も was なので、which が前文の内容を受ける、つまり「それ」ではなく「その**こと**」ではないかと考え、「彼は返答しなかった。そのことは . . . だった」とします。

訳

　「私たちはどこへ行くのですか」と私は尋ねた。彼は答えなかった。そのことは、余計なお世話だと私に伝える彼のやり方だった。

第17講　名詞＋関係節

SV₁, which V₂ の型で V₂ が複数を受ける動詞の場合は、which は前の文全体を受けることはできないので、前の複数名詞が先行詞になります。

All readers have their own personal tastes and purposes for reading, **which** cause them to turn immediately to whichever section interest them, and to ignore the rest.（1999）

「すべての読者には、自分なりの読む好みと目的があって、その2つが原因で、たとえ何であれ自分自身の興味をひく（新聞）欄へすぐ向かい、残りを無視するのだ」

cause に3単現の -s がないことから、which は前の文の内容、つまり「そのこと」ではないとわかります。

なお、先行詞が固有名詞の場合も、関係詞の前にはカンマが必要です。

My great-grandparents originally came from Sweden, which was not involved in that war.（2011）

「私の曾祖父母は元々はスウェーデン出身で、スウェーデンはその戦争には巻きこまれていなかった」

ちなみに、カンマ＋関係代名詞 that という型はありません。

次に、関係代名詞の前に先行詞の候補が複数ある場合を考えます。

例題 72

"I'm the only one in this valley that gets the paper in the mail," said the farmer.　　　　　　　　　　　　　　　　　　　　　（1973）

語注

... that gets　名詞＋that V の型で、that は関係代名詞（→ 例題57）。/ get the paper「新聞を講読する」/ in this valley「この谷で」「この谷間にある村で」ということ。/ in the mail「郵便で」

解説

the only one in the valley that gets the paper「新聞をとっている谷で唯一の者」は名詞＋前置詞句＋関係代名詞＋V の型です。V が単数を受ける動詞で、one も valley も先行詞となりえるので、V が決め手にはなりません。valley のほうが関係代名詞に近いのですが、前置詞句 in this valley は the only one を修飾

することと、また文脈から考えて、先行詞は the only one です。ちなみに、the only one「唯一の者」と言った場合、「何が唯一なのか」と疑問に思う、という思考の流れもヒントになります。

訳

「私はこの谷間では郵便で新聞をとっている唯一の人間だ」とその農民は言った。

先行詞を明示する働きをする語について考えます。

例題 73

It was one of those Saturdays upon which she had had to work at her office. (1989)

語注

had p.p.「(その時までは)～だった」 過去完了形 (→ 例題 155) / have to V「(状況によって) V せざるをえない」(→ 例題 162)

解説

one of those Saturdays upon which ...「...のような土曜日の1日」は、those＋先行詞＋upon＋関係代名詞の型です。those が関係代名詞の登場を予想させる印になります。こういった関係代名詞を導く that や those は、日本語の「あれ」や「あれら」ではありません。

訳

それは、それまでにもあった彼女が出勤しなければならない土曜日の1日だった。

演習 38

Through their activity citizens in a democracy seek to control who will hold public office and to influence what the government does. Political participation provides the mechanism by which citizens can communicate information about their interests, goals, and needs, and create pressure to respond. 　　　　　　(2006)

語注

Through . . . は文頭前置詞の型で、前置詞句のあとに続くSVは citizens in . . . seek (→ 例題6)。/ democracy「民主主義、民主国家(体制)」　ここは不定詞 a があるから後者。/ seek to V「Vしようとする」/ hold public office「公職についている」/ political participation「政治参加」/ mechanism「メカニズム、しくみ」/ respond「答える、反応する」

演習39

English has spread around the globe to become the common language for trade, government and science, as well as the national language of countries on every continent; yet, at the same time, many local dialects have developed whose speakers can hardly understand each other. 　　　　　　(2003)

語注

around the globe「世界中に」/ the common language「共通語」/ yet「しかし」/ as well as ～「～は当然として、～だけでなく」/ the national language「公用語」/ local dialects「地域方言」/ can hardly understand ～「～をほとんど理解できない」(→ 例題126) / each other「お互い」

演習40

Science has given back to the universe, one might say, that quality of inexhaustible richness and unexpectedness and wonder which at one time it seemed to have taken away from it. 　　　　　　(1972)

語注

has given back to the universe . . . that quality of . . .「宇宙に . . . という性質を戻してきた」　give back O to . . .「Oを . . . に戻す」のOが後ろに回った型。/ one might say「言えるかもしれない」　文頭のSV (that) を後ろに挿入した型 (→ 例題122)。/ inexhaustible「無尽蔵の」/ unexpectedness「意外

第3章　名詞修飾の型

さ」/ at one time「かつては」/ have taken away from it「それから取り去ってしまう」　it は the universe のこと。

> **演習 41**
> 　Buxton owes its reputation largely to its warm, healing waters, which, since the days of the Romans, have been known nearly all the world over for their marvelous curative properties.（1914・農）

語注
Buxton「バクストン」　イングランドの温泉都市。/ owes its reputation largely to its warm, healing waters「その評判は主にその温かくて効能がある鉱泉水のおかげだ」　owe A to B「A は B のおかげだ」/ waters「鉱泉［温泉］水」　この意味では複数で用いることがある。/ be known ... for ~「~（が原因）で ... 知られている」/ curative「治療効果のある」/ properties　property「属性、性質」の複数形。

演習 38 の解説
　the mechanism by which citizens can communicate ... は名詞＋前置詞＋関係詞＋SV の型で、「メカニズム」→「それによって市民が ... を伝えられる」という手順で解釈する。

訳
　自分たちの活動を通して、民主主義国の市民は誰が公職につくかを支配しようとし、政府がすることに影響を与えようとする。政治的参加は市民が自らの利益や目標や必要性に関する情報を伝え、反応しなくてはという圧力を作り出せるメカニズムを供給する。

演習 39 の解説
　many local dialects ... whose speakers ...「その話し手が ... の多くの地域方言が ... 」は、先行詞 many local dialects と関係代名詞 whose が離れた型で、「多くの地域方言」→「その話し手が ... をほとんど理解できない」の手順で解釈する。

訳
　英語は世界中に広がり、あらゆる大陸にある国々の公用語になるだけでなく、

貿易や政治や科学の共通語となった。だが、同時に、話し手がお互いをほとんど理解できない多くの地域方言が発達した。

演習 40 の解説

that quality of ... which ... は that ＋ 名詞 ＋ which ... の型。that は関係節があとに続くという印で、かつ that A of B の型では、先行詞が B ではなく A であることを示す。

訳

かつて宇宙から科学が取り去ったように思われていた無尽蔵な豊かさと意外性という性質を、科学は宇宙に取り戻してきたと言えるかもしれない。

演習 41 の解説

its ... waters, which, ..., have been known はカンマ＋which V の型だが、V が複数を受ける動詞 have なので which は前の文を受ける「そのこと」ではない。its warm, healing water**s** が先行詞になる。

訳

バクストンはその評判を治癒効果がある温泉水に大きく負っており、そのお湯はローマ人の時代以来ずっと、その驚くべき治癒効果でほぼ全世界で知られてきた。

第 18 講　関係副詞

本講では、代表的な関係副詞を取り上げます。まず、where です。

例題 74

　Hawaiian society was distinctly divided into royal and common classes, and there were beaches where the chiefs surfed and beaches where the common people surfed. （2003）

語注

Hawaiian「ハワイの」/ distinctly「明確に」/ royal「王室の」/ class「階級」/ chief「(部族の) 首長」

第 3 章　名詞修飾の型

解説

beaches where the chiefs surfed「首長がサーフィンをした海岸」と beaches where the common people surfed「一般庶民がサーフィンをした海岸」は名詞＋where SV の型です。「海岸 → そこでは (where) → SV」という手順で解釈します。

訳

ハワイの社会は王族階級と一般庶民に明確に分けられていて、王族がサーフィンをした海岸と、一般人がサーフィンをした海岸があった。

関係副詞 when も、例題 74 で見た where と同じ手順で理解します。名詞＋when SV は「名詞 → そのとき (when) → SV」という流れになります。次の例文で確かめてみましょう。なお、she は娘の母親、her が娘です。

She loved these moments when she could watch her in secret.（2008）
「彼女は娘を密かに観察できるこういった瞬間が大好きだった」

these moments「こういった瞬間」→ そのとき (when) → she could watch her in secret「彼女が娘を密かに観察できた」という手順です。

次に、関係副詞 when に特有の注意すべき用法を見ます。

例題 75

　The time may come, it has even been suggested, when the world will be dominated by just two languages; on present performance, these will almost certainly be English and Chinese.　　　（2003）

語注

it has even been suggested ...「... と示唆までされてきた」　文頭の SV (that) が挿入された型（→ 例題 122）。it は仮主語で真主語は The time may come（→ 例題 16）。/ dominate「支配する」/ on present performance「現在の言語状況では」　performance はこの場合「言語運用」のこと。

解説

The time may come, ..., when the world ...「世界が ... の時が来るかもしれない」は the time when SV の先行詞と関係副詞 when が離れた型です。

SV₁ when SV₂「SV₂ のときに SV₁」と同じように見えて間違う可能性があるので、The time will come . . . when SV や The day will come . . . when SV が標準用法なのだと心得ておきましょう。

▶訳◀
　世界がたった 2 つの言語で支配されるだろう時が来るかもしれないと示唆までされてきている。現在の言語状況では、まず確実にそれは英語と中国語ということになるだろう。

　The time [The day] will (surely) come . . . when SV「SV する時[日]が（きっと）来るだろう」の型は、まず「どんな時が来るのか」という疑問と期待を受け手に抱かせて次へ進ませる表現法です。

　関係副詞は副詞なので、それがなくても構造上、文が成立します。副詞は文の要素ではないからです（→ 第 22 講）。そのため、省略されることがあります。

例題 76
The only day she remained in bed was the day she died. (2010)

▶語注◀

remained　remain「とどまる」の過去形。

▶解説◀

　The only day she remained in bed was . . . 「彼女がベッドでずっと寝ていた唯一の日は . . . だった」と the day she died「彼女が死んだ日」は、the day when SV の関係副詞 when が省略された型です。

▶訳◀
　彼女がベッドでずっと寝ていた唯一の日は、彼女が死んだ日であった。

　同様に、関係副詞の where が省略されることもあります。
The factory, it seemed, would be the place this reduction would happen first. (2014)
「工場がこの軽減が最初に起こる場所になるだろうと思われた」
the place where SV の where が省略された型です。

第3章　名詞修飾の型

This is where you are mistaken.「あなたが間違っているのはここだ」は、This is「ここが...だ」→ where「そこで」→ you are mistaken「あなたが間違っている」という流れから、「ここ」=「あなたが間違っている場所」です。これは、the place where SV「SVの場所」の the place が省略されたと考えるより、where SV=「SV する場所」という認識の仕方のほうが実用的です。

例題 77
The trouble was that I couldn't remember his name or where I had met him. (2006)

語注
The trouble was that SV「問題は SV だということだ」

解説
where I had met him を「私が彼と会った場所」は、where SV「SV する場所」の型です。この「...の場所」が等位接続詞 or で「彼の名前（his name）」と結ばれます（→例題 95）。

訳
困ったのは、私が彼の名前や彼に会った場所を思い出せないことだった。

関係副詞 where や when を解釈するときに補うべき日本語について考えます。

例題 78
In developing knowledge men must collaborate with their ancestors. Otherwise they must begin, not where their ancestors arrived but where their ancestors began. (1978)

語注
In developing knowledge「知識を発展させることにおいて」≒When they develp knowledge / collaborate with ～「～と協力する」/ ancestor「祖先」/ otherwise「さもなければ」（→ 例題 92）/ not X but Y「X ではなく Y」（→ 演習 25）

第18講　関係副詞

解説

not where ... but where ...「...のところ**から**ではなく、...のところ**から**」は例題77で考えた、where SV＝「SVの場所」に「から」を補います。この場合は、動詞 begin との関係で判断します。

訳

知識を発展させる際には、人類は祖先と協力しなくてはならない。さもなければ、人類は祖先が到達したところからではなく、祖先が始めたところから始めなくてはならなくなる。

演習42

However, even at this age time passes many times more slowly than it does for adults. This is why, as any parent knows, young children always think that more time has gone by than actually has, and often complain that things are taking too long.　　（2013）

語注

even at ... は文頭前置詞の型で、前置詞句＋S (time) V (passes) となる（→ 例題6）。/ it does＝time passes / as any parent knows「親なら誰でも知っているように」（→ 例題202）/ go by「通り過ぎる」/ than actually has「実際にそうであったより」　than **time** actually has **gone by** の省略。/ complain「文句［不平］を言う」

演習43

The professional prefers this type of scenery because of the challenge it offers to his skills as a painter; to see beauty where it is not easy to see, to create order where the natural elements are confused, in short, to make art from nature.　　（1990）

語注

professional「プロ、専門家」/ prefer「より好む」/ scenery「景色」/ because of ～「～が原因で、～のために」/ the challenge it offers「それが提供する挑

戦」 名詞＋SV の関係代名詞の省略の型（→ 例題 63）。/ it is not easy to see . . .「. . . を見るのは容易ではない」 it は仮主語で真主語は to see . . .（→ 例題 16）。/ order「秩序」 order の「秩序、命令、順番」の意味のうち、根本にあるのは「秩序」。/ confused「混乱した」/ in short「要するに」（→ 例題 30）

演習 42 の解説

This is why . . . で「だから . . .」と考える。これも This is (the reason) why . . .「これは . . . の理由だ」の the reason が省略されたと考えるのではなく、This [That] is why . . . ＝「だから . . .」と考えたほうが有益。

訳

しかし、この年齢になってさえ、時間は大人と比べて何倍もゆっくりと流れる。だから子どもは、親なら誰でもわかっているように、幼児は実際にそうであったよりも時間が過ぎたと常に思い、物事には時間がかかりすぎるとしばしば文句を言うのだ。

演習 43 の解説

see beauty where it is not easy to see「（美を）見るのが容易ではない場所に美を見る」と create order where the natural elements are confused「自然の要素が混乱した状態にある場所に秩序を創造する」といったように、where SV＝「SV の場所」に「に」を補って解釈する。

訳

プロの画家がこういったタイプの景色をより好むのは、それによって画家としての腕が試されるからである。つまり、美を見いだすのが容易ならざる場所に美を見いだし、自然の要素が入り交じった場所に秩序を創造する。要するに自然から芸術を作ることだ。

第3章のポイント

- [ ] 名詞 ← 形容詞の名詞修飾の型がポイント。 → 例題51、例題54 / 演習33
- [ ] 後ろからの修飾が原則である場合がある。 → 例題52、例題53 / 演習34
- [ ] 名詞$_1$＝名詞$_2$は、名詞＋カンマ＋名詞（→ 例題56）か、名詞＋カンマ＋or 名詞の型（→ 例題57）。
- [ ] 複数の形容詞が名詞を前から修飾する場合は、形容詞 **and** 形容詞＋名詞か、形容詞 **カンマ** 形容詞＋名詞の型。 → 例題58
- [ ] 名詞＋前置詞句は副詞句か形容詞句の可能性がある。 → 例題59 / 演習35
- [ ] S の位置の名詞＋前置詞句は形容詞句。 → 例題60
- [ ] N_1 of N_2 to V は N ... to V の関係を踏まえて解釈する。 → 例題61 / 演習37
- [ ] 名詞＋SV は関係代名詞の省略。 → 例題63
- [ ] 関係代名詞の直後に SV が挿入された型に注意。 → 例題64
- [ ] 先行詞と関係詞は離れる可能性がある。 → 例題65 / 演習39
- [ ] 前置詞＋関係代名詞の節のはじめは、例外的に前置詞の前。 → 例題66、例題67 / 演習38
- [ ] 〈名詞〉of〈関係代名詞〉も例外的に節のはじめは名詞の前。 → 例題68
- [ ] which＝「それ」、who＝「その人が［は］」、whom＝「その人を」と考える。 → 例題66
- [ ] who＝□、which＝□ なら、whose＝□ 's と考える。 → 例題69
- [ ] S (＝主語) の関係節の中に述語動詞はない。 → 例題70
- [ ] which＝「その**こと**」の決め手はカンマと三単現の -s。 → 例題71
- [ ] 〈名詞$_1$〉in〈名詞$_2$〉＋which ... の型の先行詞は前の名詞が原則だが、最終的には文脈で決まる。 → 例題72
- [ ] that と those は先行詞の先頭を示す。 → 例題73
- [ ] 名詞＋where［when］SV は「名詞 → そこでは［そのときに］→ SV」の手順で解釈する。 → 例題74
- [ ] The time［day］... のあとに when SV の登場を予想する。 → 例題75
- [ ] 関係副詞は副詞だから省略される可能性がある。 → 例題76
- [ ] 関係副詞の where SV＝「SV の場所」、関係副詞の when SV＝「SV の時」と考える。 → 例題77
- [ ] This is why SV.「だから SV だ」は定型表現として覚える。 → 演習42

第 3 章　名詞修飾の型

- ... where [when] SVに助詞「に」「から」などを補うべき場合がある。　→ 例題 78

第 4 章
述語動詞のあとの名詞

> 5文型の知識は、正しい解釈の前提となる文構造の理解には不可欠であると言っても過言ではありません。第1文型はSV、第2文型はSVC、第3文型はSVO、第4文型はSVOO、第5文型はSVOCと表記され、Sが主語、Vが述語動詞、Oが目的語、Cが補語であることを確認しておきましょう。本章では、VのあとのOについて考えます。**Oは名詞相当語句の名詞、名詞句、名詞節のどれかです。**このことを念頭に置いて、述語動詞のあとの語句の並びに注目します。

第19講　動詞＋名詞＋名詞

　最初に、述語動詞のあとに名詞が2つ続く型である、第4文型のSVOOを考えます。まず、give O_1 O_2 のSVOOを見ます。この型はSV＋人＋物「Sが〈人〉に〈物〉をあげる」という基本的な人間関係を表現します。

> **例題 79**
> And the King gave him jewels and fine clothes and all the people cheered him.　　　　　　　　　　　　　　　　　　　　(1998)

語注

jewel「宝石」/ clothes「衣服」　cloth「布」とclothes「衣服」の区別に注意。/ cheer「応援する、喝采する」

解説

　the King gave him jewels and fine clothes「王が彼に宝石と見事な衣服を与えた」は give O_1 O_2 の型で、O_2 は jewels と fine clothes の2つが並列されています。

訳

　それに、王様は彼に宝石と見事な衣服を与え、全国民がこぞって彼に喝采を送っ

99

第4章　述語動詞のあとの名詞

た。

　人間関係でやりとりされる対象は、具体的な物だけでなく、情報もあります。だから、tell＋人＋情報という型は give＋人＋物とセットで整理すべきなのです。

> **例題 80**
> Tell me what he looks like. There's time for me to drive to the stadium. I'll give him his ticket and try to get a refund on yours.
> （1978）

語注

what he looks like「彼がどんなふうに見えるか」→「彼の外見［背格好・服装］」he は息子の友人で、母親が急病の息子に代わって試合会場にチケットを届けに行こうと息子に語りかけている場面。/ drive to ～「～まで車で行く」/ a refund on ～「～の返金」

解説

　Tell me what he looks like「私に彼の外見を教えなさい」は tell＋人＋情報の型、give him his ticket「彼に彼のチケットを渡す」は give＋人＋物の型です。

訳

　彼の外見を私に教えて。スタジアムまで私が車で行く時間があるわ。私が彼に彼のチケットを渡すわ。あなたの分は払い戻しをしてみるから。

　show＋人＋情報も tell＋人＋情報の類例ですが、tell は伝達手段が言葉であるのに対し、show は言葉以外も含みます（→ 演習 8）。
　また、ask＋人＋情報は情報をやりとりする点では tell＋人＋情報と同じですが、情報の流れが逆です。tell は「～に情報を**与える**」、ask は「～に情報を**もらう**」です。
　Just then the Princess came by and Peter showed her the mirror and asked her what she saw there.（1998）
　「ちょうどその時、王女が通りかかり、ピーターは彼女に鏡を見せて、そこに何が見えるかを彼女に尋ねた」

第 19 講　動詞＋名詞＋名詞

次に call O C「O を C と呼ぶ」の型を見ます。

> **例題 81**
> 　He called her Hilda; she called him McCreedy, as if he was a stranger, as if he was a footballer she had seen on the television.
> (2001)

[語注]
ここに登場する男女は夫婦。/ as if he was a stranger「彼が見知らぬ人であるかのように」　as if he was a footballer「彼がフットボール選手であるかのように」　as if SV「まるで SV のように」（→ 例題 207）/ a footballer she had seen「彼女が見たことがあったフットボール選手」　名詞＋SV の関係代名詞が省略された型（→ 演習 44）。

[解説]
　called her Hilda「彼女をヒルダと呼んだ」と called him McCreedy「彼をマックリーディと呼んだ」は call＋人＋名詞「人を〈名詞〉と呼ぶ」の型です。

[訳]
　彼は彼女をヒルダと呼び、彼女は彼をマックリーディーと呼んでいた。まるで彼が他人であるかのように、彼女がテレビで見たことがあるフットボールの選手で彼があるかのように。

──────────────────────────────

> **演習 44**
> 　They gain by watching things done at a height they cannot attain themselves; they profit by escaping from the week's drudgery into a world of feelings and emotions which it does them good to enter.
> (1977)

[語注]
They は「プロスポーツの観客」のこと。/ gain「得をする、何かを得る」/ at a height ...「... の高さで」/ a height they cannot attain「彼らが到達できな

101

第4章　述語動詞のあとの名詞

い高さ」　名詞＋SVの型で、関係代名詞の省略（→ 例題81）。/ profit「利益を得る」/ escape from ～ into ...「～から...の中へ逃げる」/ drudgery「骨折りの仕事」/ a world of ... which it does ... to enter「中に入ることが...する...の世界」　which以下はa world of ... がenterの目的語になる関係節。itは仮主語、真主語はto enter＋先行詞（a world of ...）（→ 例題16）。/ emotion「感情」

> **演習 45**
> We consider ourselves a literate society. We think we're educated. We believe in science. We base our culture on technology. Technology is science; it's the practical application of it, to learn about the world and put that knowledge to work. 　　　　　　　　（1992）

語注

literate「読み書きができる」　literary「文学の」（→ 演習36）と混同しないこと。/ educated「教育を受けた、学がある」/ believe in ～「① ～の存在を信じる（＝～がいると思う）、② ～の価値を信じる（＝～がいいと思う）」/ base our culture on technology「文化の基盤をテクノロジーに置く」　base A on B「Aの基礎をBに置く」の型。/ application「応用」/ to learn ... and put ... はto V₁ and V₂の型で、the practical application of itの言い換え。/ put that knowledge to work「その知識を働かせる」

演習44の解説

　does them good「彼らのためになる」はdo＋人＋good [harm]「〈人〉に利益 [害] を与える」の型で、このdoはgiveと同じように考える。

訳

　観客は自分自身では到達できない高さで物事がなされるのを見ることで何かを得る。彼らは日々の退屈さから気持ちと感情の世界に逃げこむことによって得をしているのであり、そこに入ることは彼らのためになるのである。

演習45の解説

　consider ourselves a literate society「私たち自身を文字が読める社会だと考える」はconsider O C「OをCと考える」で、consider O **to be** Cのto

102

be が省略された型。
訳
　私たちは自らを識字社会であると考える。自分たちは学があると考える。私たちは科学が良いものだと信じている。文化の基盤をテクノロジーに置いている。テクノロジーは科学であり、その実践的な応用でもある。すなわち、世界を知り、そういった知識を働かせることなのだ。

第20講　動詞 ... 前置詞句

　述語動詞のあとの名詞は目的語になるのが原則です。この目的語は基本的に「〈名詞〉を」と解釈します。ところが、動詞＋前置詞＋名詞の名詞は、動詞の目的語にはなれません。

例題 82

　The historian tries to impose on these events some kind of rational pattern: how they happened and even why they happened.

（1986）

語注
historian「歴史家」/ impose O on ～「O を～に押しつける」/ some kind of ～「ある種の～」/ rational「合理的な」

解説
　impose on these events some kind of rational pattern「これらの出来事にある種の合理的な型を押しつける」は述語動詞＋前置詞句＋ ... の型です。前置詞句のあとの名詞句 some kind of rational pattern が述語動詞 impose の目的語です。「これらの出来事を押しつける」は誤りです。

訳
　歴史家はこういった出来事にある種の合理的な型を押しつけようとする。どのようにしてそれは起こったのか、さらには、それはなぜ起こったのかといったことである。

　次に動詞＋目的語＋of ～ の型を見ます。

103

第 4 章　述語動詞のあとの名詞

例題 83
When they want the best for the child, they automatically deprive themselves of the closeness that was there at first.　　　　（1988）

[語注]

they は「親たち」のこと。/ the closeness that was ...「... だった親密さ」名詞＋that V の型で、that は関係代名詞（→ 例題 72）。/ at first「最初**は**」あとに but ...「しかし ...」のような逆接が続くのが原則。first「最初**に**、まず」（→ 演習 3）と区別すること。

[解説]

deprive themselves of the closeness「彼ら自身から親密さ**を**奪う」は VO of＋名詞の型です。前置詞 of が「を」に当たります。

[訳]

親が最善のものを子どものために望むとき、親は最初は存在していた親密さを自分たちから必然的に奪うことになる。

次に動詞＋目的語＋with 〜 の型を見ます。

例題 84
But Galileo does provide us with a heroic model of science where the heroes, the individual scientists working on their own, make major discoveries.　　　　（2001）

[語注]

does provide の does は述語動詞 provide を強める働き（→ 例題 164）。/ a heroic model of science where the heroes, ..., make major discoveries「英雄たちが ... 大発見をする科学の英雄のモデル」　where SV の型で where は関係副詞（→ 例題 74）。/ the individual scientists working「働いている個々の科学者」　名詞＋Ving の名詞修飾の型（→ 例題 54）で、名詞, 名詞の型による the heroes の言い換え（→ 例題 56）。/ on *one's* own「独力で」

解説

provide us with a heroic model of ...「私たちに...の英雄のモデルを与えてくれる」は provide O with 名詞「O に〈名詞〉を供給する[与えてくれる]」の型。この型の動詞として provide の他に意味も近い supply「供給する」、present「贈呈する」もあわせて整理しましょう。

訳

しかし、ガリレオは、英雄、すなわち、独力で活躍する個々の科学者が大発見をする科学の英雄モデルを私たちに提供してくれる。

◆◆◆◆◆◆◆◆◆◆◆◆◆◆◆◆◆◆◆◆◆◆◆◆◆◆◆◆◆◆◆◆◆◆

演習 46

The storyteller can convey not only the content of the story and something of herself but can pass on the power of the word to inspire the listener, in turn, to speak from the heart. Thus, a most ancient ritual is protected—human communication—so we can participate with one another in our world. (1984)

語注

storyteller「物語を語る人、語り部」/ convey「運ぶ、伝える」/ not only ～ but (also) ...「～だけでなく...」/ content「内容」/ inspire the listener ... to speak「聞き手を...話す気にさせる」 inspire＋人＋to V「〈人〉をVする気にさせる」の型。/ in turn「今度は、交替で」/ thus「このようにして、だから」(→ 例題 89) / ancient「古代(から)の」/ ritual「儀式」

演習 47

In his famous dictionary, Samuel Johnson defined a coffee-house as 'a house of entertainment where coffee is sold, and the guests are supplied with newspapers'. More than a place that sells coffee, Johnson suggests, a coffee-house is also an idea, a way of life, a mode of socialising, a philosophy. (2011)

第4章　述語動詞のあとの名詞

語注

Samuel Johnson「サミュエル・ジョンソン」　イギリスの学者で、辞書編纂などで知られる。/ define A as B「AをBと（して）定義する」/ a place that sells ...「...を売る場所」　名詞＋that Vの型で、thatは関係代名詞（→ 例題 83）/ Johnson suggestsは文頭に来るSV（that）... が挿入された型（→ 例題 122）。/ suggest「示唆する」/ socialise「社会化する」　アメリカ綴りは socialize で、こういった知識は筆者はイギリス文化圏の人間だとわかるヒントになる（→ 演習 80）。/ philosophy「哲学」

演習 46 の解説

　participate with one another in our world「お互いどうしが自分たちの世界に参加する」は動詞＋前置詞句＋前置詞句で、participate in ～「～に参加する」に with one another が割りこんだ型。

訳

　語り部は物語の内容や自分のことを伝えるだけでなく、聞き手に今度は自分が心から話そうという気にさせる言葉の力を受け渡すこともできる。このようにして、太古からの儀式である人間のコミュニケーションが保護されており、お互いが自分たちの世界に参加できるのである。

演習 47 の解説

　are supplied with ～ は supply O with〈名詞〉「Oに〈名詞〉を供給する［与えてくれる］」が受動態になった型。

訳

　自らの著名な辞書で、サミュエル・ジョンソンは喫茶店を「コーヒーが販売され、客は新聞を与えられる娯楽の家」と定義した。コーヒーを売る場にとどまらず、喫茶店は着想、生活様式、社会化の型、あるいは1つの哲学でもあると彼は示唆している。

第 4 章のポイント

- [ ] give＋人＋モノと tell＋人＋情報はセットで覚える。　→ 例題 79、例題 80
- [ ] call [consider]〈名詞₁〉〈名詞₂〉と do〈名詞₁〉〈名詞₂〉の意味の相違に注目。
  → 例題 81 / 演習 45
- [ ] 動詞＋前置詞句＋目的語、の語順に注意。　→ 例題 82 / 演習 46
- [ ] 動詞＋名詞＋of ...（→ 例題 83）や動詞＋名詞＋with ...（→ 例題 84 / 演習 47）を型として整理する。

第5章
形容詞と副詞

　文の要素となる品詞は、名詞、動詞、形容詞の3つです。そのうちの名詞と動詞を中心にこれまで見てきました。本章では形容詞と副詞について考えます。副詞は文の要素にはなりませんが、4大品詞の1つとされます。その理由を副詞の代表である not を用いて説明すると、I am **not** a student. の not を消しても文は成立し、文構造はつかめますが、この例でわかるように意味のレベルでは決定的な役割を副詞は果たしています。この副詞の本質から、その効果的な学習法も見えてきます。

第21講　文における形容詞

　文における形容詞の位置は、be 動詞のあとと名詞の前後の2つです。この2つの位置にない場合は、どちらかの適切なほうの位置に戻すというのが基本姿勢です（→ 第3講）。

> **例題 85**
> I wasn't aware my daughter had acquired so young a fundamental mood or attitude of what Americans call democracy. 　（1978）

語注

be aware (that) SV「SV だと気づいている」/ acquire「獲得する」/ fundamental「根本的な」/ what American call democracy「アメリカ人が民主主義と呼ぶもの」　call O C「O を C と呼ぶ」の O が what になった型（→ 例題81）。

解説

　my daughter had acquired so young . . .「自分の娘がそんなに**若くして**...を獲得していた」は SV ＋形容詞「S が〜の状態で V する」の型です。形容詞のあとに名詞句 a . . . mood or attitude がありますが、**冠詞＋名詞の外にある形**

108

容詞がその名詞を修飾することはできないので、young は attitude を修飾できません。この形容詞は、分詞構文と同じように be 動詞を補って、My daughter **was** so young. とするとわかります。

訳
アメリカ人が民主主義と呼ぶものの根本的な気分と態度を、娘がそんなに若くして身につけていたことに私は気づいていなかった。

He came home in the middle of the night **safe and sound**.
「彼は真夜中に無事帰宅した」
safe and sound「安全で健全な」という形容詞句の前に be 動詞を補うと、He **was** safe and sound. という関係がわかります。

ただし、例題 85 の解説で述べた「冠詞＋名詞の外にある形容詞がその名詞を修飾することはできない」というルールの例外となる形容詞があります。all [both/half] the books here「ここの本すべて [の両方／の半分]」の形容詞 all、both、half です。

Half a loaf is better than nothing. Nothing is better than good health; So half a loaf is better than good health. (1995)

「半分のパンは何もないよりいい。健康よりいいものは何もない。よって半分のパンは健康よりいい」（「半分のパン＞nothing → nothing＞健康、よって、半分のパン＞健康」という内容の冗談）

half＋冠詞＋名詞の型。なお、all は例題 79 の all the people cheered him「国民はこぞって彼に喝采を送った」を参照してください。

すでに指摘したように、be 動詞が分詞や不定詞になった being や to be はしばしば省略されます（→ 例題 36）。次は to be が省略された例です。

例題 86

Tom and John pushed open the door leading into the hall.

(1964)

語注
the door leading into ～「～に通じるドア」 名詞＋Ving の名詞修飾の型（→ 例

題54)。 lead to ～「～に通じる」(→ 例題18) の to ～が into ～「～の中へ、～という別の世界へ」になって、ドアを開けるとすぐ広間に入れることが含意される。

解説

pushed open the door「ドアを押して開けた」はＶＯ to be Ｃ「ＯをＶしてＣの状態にする」の to be が省略されて、同時に形容詞Ｃの open が動詞 pushed のあとに移動した型です。

訳

トムとジョンは広間に通じるドアを押して開けた。

　第２講で文頭に分詞がくる場合を見ました (→ 例題3)。ここでは文の後ろに分詞がある場合を考えます。隠されている主語を顕在化させるという解釈の基本姿勢は同じです。

例題87

Rebecca was getting ready to start her bookstore, making a business plan, applying for loans.　　　　　　　　　　(2015)

語注

business plan「事業計画」/ apply for ～「～に［を］申しこむ」

解説

Rebecca was getting ready . . . , making . . . , applying for . . .「レベッカは準備をして . . . 、 . . . を作成し、. . . を申し込んだ」は、SV, Ving, Ving の型です。making と applying の意味上の主語はどちらも Rebecca なので、Rebecca made a business plan.「レベッカは事業計画書を作成した」と Rebecca applied for loans.「レベッカは融資を申し込んだ」を踏まえて解釈します。

訳

レベッカは書店を開業する準備をしていて、事業計画書を作成し融資を申し込んだ。

　be 動詞を補うという考え方は過去分詞の場合も同じです。

第 21 講　文における形容詞

They have become great shows, exhibited by professionals, and organized on the basis of profit. (1977)
「それら（＝プロスポーツ）は立派な興行になってきており、プロによって披露され、利潤に基づいて組織されている」

They have become ..., exhibited ..., and organized ... は SV, 過去分詞の型で、過去分詞が 2 つ並列されています。それぞれ過去分詞の前に being を補って解釈します。

「...しながら」と解釈できるのは、基本的に 2 つの行為が同時に行われているときです。その主な型として、SV Ving. のほかに、SV while Ving. があります。次の例題 88 は、SV Ving. の型です。

例題 88
Common people generally rode waves lying down or standing on boards of up to 12 feet, while the chiefs rode waves on boards that were as long as 24 feet.　　　　　　　　　(2003)

語注
本題は 18 世紀以前のハワイに関する記述。/ common people「庶民」/ ride waves「波乗りする」/ lie down「（一時的に）横になる」 lie の活用は lie-lay-lain-lying。/ up to 12 feet「12 フィートまでの」 up to ＋数字で「...もの、...までの」。/ the chief「（王室階級の）首長」 common people「庶民」に対する社会的地位（→ 例題 74）。/ ～, while ...「～、他方 ...」/ boards that were ...「...であったボード」 名詞＋that V の型で、that は関係代名詞（→ 例題 83）。

解説
Common people ... rode waves lying down or standing on ...「庶民は ... に横になり**ながら**、あるいは立ち**ながら**波乗りした」は SV₁ V₂ing.「S は V₂ **しながら** V₁ する」の型で、lying と standing という 2 つの Ving が並列されています。

訳
普通の人々は一般に、12 フィートまでの板に横になりながら、あるいは立ち

111

第 5 章　形容詞と副詞

ながら波に乗り、他方、王族は 24 フィートもの長さの板の上で波に乗った。

　なお、SV while Ving の「...しながら」は Don't use your smartphone while walking.「歩きスマホ禁止」のように、2 つの行為（ここでは、use your smartphone「あなたのスマホを用いる」と walk「歩く」）が本来は別の行為であることを示す場合に用います。

演習 48

　For centuries, the ponies lived mostly free of human contact; gradual human settlement on Chincoteague, however, resulted in their being only on Assateague where even today no people live.
（2006）

語注

For centuries, the ponies lived ...「何世紀かのあいだ、ポニーは...住んでいた」　文頭前置詞句, SV. の型（→ 例題 6）。/ free of ～「～から自由な、～の拘束がない」/ human contact「人間との接触」/ gradual「徐々の、漸進的な」/ settlement「定住」/ Chincoteague「シンコティーグ」　アメリカ・ヴァージニア州東部にある小島。/ result in ～「～という結果になる」/ their being only は分詞構文で、they（＝ the ponies） were only に戻して考える。being の意味上の主語が代名詞の所有格の their で示される（→ 演習 20）。/ Assateague「アサティーグ島」　メリーランド州と南東部とヴァージニア州東部半島部の北部にまたがる島。

演習 49

　We like to think that humans are supremely logical, making decisions on the basis of hard data not on impulse. But this vision of *homo economicus*—a person who acts in his or her best interest when given accurate information—has been shaken, especially by discoveries in the emerging field of risk perception.
（2015）

語注

supremely「この上なく、最高に」/ on the basis of ~ not on (the basis of) ...「...ではなく~に基づいて」 on the basis of ~「~に基づいて」/ hard data「確実な[信頼できる]データー」/ on impulse「衝動で」/ when (the person was) given accurate information「正確な情報を与えられたとき」（→ 例題 116）/ be shaken「動揺する」/ emerging「新興の、新たに生じてきた」/ risk perception「リスク認知」 リスクを客観的に見ること。

演習 48 の解説

the ponies lived ... free of ~「ポニーは~と関係を持たないで ... 生きていた」は SV +形容詞「〈形容詞〉の状態で SV する」型で、free の前に be 動詞を補い、the ponies were free of ...「ポニーは ... がなかった」を踏まえて解釈する。

訳

何世紀ものあいだ、ポニーはほとんど人間と接触せずに生きていた。しかし、人間のシンコティーグへの漸進的な定住が、ポニーは今日でさえ誰も住んでいないアサティーグにいるだけという結果になった。

演習 49 の解説

humans are ..., **making** decisions「人類は ... であり、（人類は）決断する」は分詞構文の型。making の意味上の主語が we でなく humans であることは、文脈から判断する。

訳

人類は極めて論理的で、衝動ではなく厳格なデーターに基づいて決断を下すと私たちは考えたがる。しかし、ホモ・エコノミカス、すなわち、正確な情報が与えられると自己利益が最大になるように行動する人というこの見方は、特にリスク認識という新たに登場してきた分野での発見によって揺るがされてきている。

第 22 講　文における副詞

本章の冒頭で述べたように、副詞を消去することで構造が把握しやすくなります。そのためにも、副詞が副詞だと認識できることが大切です。

次の文で副詞はどれでしょうか。

第 5 章　形容詞と副詞

Previously it had appeared sporadically and as if by chance.
（1940・医）
「以前は、それは散発的に、そしてまるで偶然のように現れたのだ」

previously と sporadically が副詞です。この 2 語は語尾の -ly から副詞だと推測できます。たとえ意味がわからなくても、文構造は把握できます。問題は -ly の形ではない副詞です。

例題 89
The benefits of science are thus enormous—and not only in the areas of life expectancy and health care.　（2000）

語注
benefit「恩恵」/ enormous「莫大な」/ not only ...「... だけではなく」（→ 演習 46）/ life expectancy「寿命」

解説
thus は in this way「このように、だから」の意味になる副詞です。thus が副詞であることは形からわかりません。たしかに位置からは推測できそうですが、実際には誰でも「thus は副詞だ」という知識を学習のどこかの段階で得ています。

訳
科学の恩恵はこのように莫大であり、寿命と医療の分野にとどまらない。

こういった具合に、-ly の形になっていない副詞を覚えることが学習のスタートです。特に重要なのは、always「常に」、sometimes「ときどき」、often「しばしば」とその対義語の seldom「めったに ... ない」のような頻度の副詞と、hence「だから」、thus「このように」、nevertheless「にもかかわらず」、instead「その代わりに」、therefore「したがって」とその対義語の however「しかし」のような文と文とを意味的につなぐ副詞、maybe「かもしれない（ね）」や perhaps「（ことによると）かもしれない」などの可能性を表す副詞です。数が限られているので、丸暗記するのがベストです。

次に文頭に副詞がある場合を見ていきましょう。

例題 90
Admittedly there are certain kinds of regularity in our world, and it is these that arouse the interests of the scientists. (1962)

語注
certain kinds of 〜「ある種の〜」/ regularity「規則性」/ it is these that arouse ...「...を惹起するのはまさにこれらである」は it is 〈名詞〉that V「まさに〈名詞〉こそが V する、V するのはまさに〈名詞〉である」の型の強調構文（→ 例題 18）。/ arouse「刺激する」

解説
Admittedly there are ...「たしかに ... がある」は副詞＋SV の型で、admittedly は文全体を修飾する文修飾の副詞です。この場合は、It is admitted that SV「SV であることが認められている」と書き換えられます。副詞＋SV → It is 〈形容詞〉that SV の関係です。

訳
たしかに、この世にはある種の規則性が存在し、まさにこれこそが科学者の興味を刺激するのだ。

2 語以上で副詞の働きをする表現があります。

例題 91
Such conventions vary with great rapidity, even in the same country. (1994)

語注
convention「しきたり」/ vary「変わる」/ rapidity「急速」

解説
with great rapidity「非常な速さで」は with＋形容詞＋名詞の型で、この場

115

合は greatly rapid**ly** の意味になって、前置詞句全体が副詞の働きをします。
訳
　そのようなしきたりは、同じ国であっても、非常な速さで変化する。

　otherwise は重要副詞です。otherwise は other ＋ wise (＝way)「その他のかたち」という語構成から出発すると習得しやすくなります。
To hold otherwise is to hold that wisdom can be got by combining many ignorances.（1956）
　「そうでないと考えることは、知恵は多くの衆愚を組み合わせることで得られると考えることだ」
　「その他のかたちで考える」→「そうは考えない、そうではないと考える」という流れです。

例題 92
　Most people think they're good at spotting liars, but studies show otherwise.　　　　　　　　　　　　　　　　　　　　　　　　　　　　（2009）

語注
be good at ～「～が得意である」/ spot「見抜く」　spot は「スポットライトを当てる」→「所在をつきとめる」と考える。

解説
　otherwise は other ＋ wise (＝way) から考えれば「その他のかたちで」→「**逆から**」ということです。「逆」という言葉が、「**さもなければ**」（「さ」が何かは文脈から考える）と並んで、この語に迫るキーワードです。この場合は「逆」、つまり、「そうではないこと」を示しています

訳
　嘘つきを見抜くのが得意だとほとんどの人が思っているが、研究はそうでないことを示している。

　次に enough について見ます。enough のポイントは語順と意味の 2 つです。

第 22 講　文における副詞

> **例題 93**
> I look at his smooth boyish face and wonder if he's old enough to shave. (2003)

語注

smooth「すべすべの」/ wonder if SV「SVかどうかと (不思議に) 思う」(→ 例題 193)

解説

old enough to shave「髭を剃るのにじゅうぶんな年齢で」は形容詞＋enough to V「V するのに十分な〈形容詞〉だ」の型で、語順がポイントです。「十分な」とは「〜に足りるだけの」ということです。

訳

すべすべで男の子のような彼の顔を見て、彼はもう髭を剃る年齢なのだろうかと私は思った。

myself や yourself など -self の形の代名詞を再帰代名詞と言います。再帰代名詞は文の中で代名詞の働きをするのか、副詞の働きをするのかの判断が必要です。次の 2 つの例文の yourself の働きを確かめてください。

You should go yourself.
「あなたは自分**で**行くべきだ」
これは文の要素ではなく、副詞の働きです。
You should think about yourself.
「あなたは自分のこと**を**考えるべきだ」
これは前置詞 about の目的語になっているので、代名詞の役割です。

副詞の場合は「自分**で**」「自分**は**」、代名詞の場合は「自分 (のこと) **を**」などで解釈します。

> **例題 94**
> Instead of a rich and magnificent prince, he saw himself in his own rags—Simple Peter. (1998)

第 5 章　形容詞と副詞

語注

instead of ～「～の代わりに」/ magnificent「華麗な」/ in ～「～を身につけて」/ rag「ボロ」/ Simple Peter「愚かな［お人好しの］ピーター」

解説

saw himself in ...「... を身につけた自分自身**を**目にした」で、himself は動詞 saw の目的語になる代名詞です。

訳

金持ちで華麗な王子ではなく、彼はボロをまとった自分自身、すなわち愚かなピーターを目にした。

演習 50

Of all crops cotton conformed most perfectly to the conditions necessary to a profitable use of slave labour. Hence a growing concentration in the American South on the cultivation of cotton.
(1962)

語注

Of all crops cotton conformed ...「すべての作物の中で、木綿は ... 合致する」 文頭前置詞句＋SV の型（→ 例題 6）。all と最上級 most から of が「すべての ... の中で」とわかる。/ crop「作物」/ conform to ～「～に合致する」/ profitable「もうかる」/ the conditions necessary to ...「... に対して必要な条件」は名詞＋形容詞の名詞修飾の型（→ 例題 51）。/ concentration in ～ on ...「～における ... への集中」/ cultivation「耕作、栽培」

演習 51

Experienced actors, too, have extraordinary memory within their field of specialized knowledge; they can remember lengthy scripts with relative ease, and the explanation for this is much the same as in the case of the chess masters.
(2004)

語注

extraordinary「尋常ではない」/ lengthy「長ったらしい」/ script「台本、脚本」/ the explanation for ~「~の説明」/ much the same as ...「... とほぼ同じ」/ in the case of ~「~の場合に」/ chess master「チェスの名人」

演習 52

Since he is the only one who has a real history, man is the only creature who has a face. Every face is a present witness to the fact that its owner has a past behind him which might have been otherwise, a future ahead of him in which some possibilities are more probable than others. (1959)

語注

Since he is ...「彼は ... であるのだから」 since SV「(あなたも知っているように) SV なのだから」(→ 例題10)。主節が man is で完了形 (man has been) ではないから「... 以来」ではない。he は man「人間」のこと。/ creature「生物」/ witness「目撃者、証人」/ the fact that SV「SV であるという事実」 同格の that (→ 例題184)。/ behind ~「~の後ろで」 ahead of ~「~の前に」との対立関係から、a past と a future の対立関係も押さえる。/ might have p.p.「~だったかもしれない」(→ 例題163) / a future ... in which SV「SV の ... 未来」(→ 例題66)

演習 50 の解説

Hence a growing concentration in ... は Hence＋名詞「それゆえ〈名詞〉だ」の型。SV ではなく、名詞句のみが続いている。hence にはこのような用法があることを頭に入れておくこと。

訳

すべての作物の中で、奴隷労働を使って利益を上げるのに必要な条件には、木綿が最も完全に合致していた。このことから、アメリカ南部で木綿栽培に徐々に集中していった。

演習 51 の解説

with relative ease「比較的容易に」は with＋形容詞＋名詞の型で、relatively

easily に置き換えられる。
訳
　経験豊かな俳優にもまた、専門的知識の分野に限れば、尋常ではないほどの記憶力がある。彼らは長い台本でも比較的容易に覚えられるが、この理由はチェスの名人の場合とほぼ同じである。

演習 52 の解説
　otherwise の「さもなければ」と「逆」の 2 つのキーワードから、何の逆かと考え、has a past behind him「彼の背後に過去を持つ」と (has) a future ahead of him「彼の前に未来（を持つ）」との文脈から、「現実の歴史の逆」だと見抜く。

訳
　人間は現実の来歴を持つ唯一の存在なのだから、人間は顔を持つ唯一の生き物なのである。すべての顔は、その持ち主の背後に現実の歴史とは違っていたかもしれない過去を、前方にはほかの可能性より現実味がある可能性のある未来を持っているという事実の、現存する証人である。

第 5 章のポイント

- □ 〈行き場のない形容詞 → 名詞〉の対処法を身につける。　→ 例題 85、例題 86 / 演習 48
- □ 2 つの行為が同時に行われている「...（し）ながら」の表現法は 2 つある。　→ 例題 88
- □ 語尾が -ly でない副詞を丸暗記する。　→ 例題 89 / 演習 50
- □ 〈副詞〉（＝形容詞＋-ly）＋SV は It is〈形容詞〉that SV の型にして考える。　→ 例題 90
- □ with＋（形容詞）＋名詞は副詞にして考える。　→ 例題 91 / 演習 51
- □ otherwise は other＋wise と考え、2 つの日本語を媒介にする。　→ 例題 92 / 演習 52
- □ 形容詞［副詞］＋enough to V は「V するのに足りるだけの〜」の意味。　→ 例題 93
- □ -self は副詞か代名詞かを見極める。　→ 例題 94

第6章
接　続　詞

　接続詞には2種類あります。「従位接続詞」はSVとSVをピリオドなしでつなぐ働きをします。接続詞がないほうのSVが中心となるSV（＝主節）、もう一方のSVが従属節です。ただし、SVとSVをつなぐのは接続詞だけではなく、これまで見たように関係詞、セミコロン、分詞構文などがあります。もう1つの「等位接続詞」は、SVとSV、主語と主語、目的語と目的語、形容詞と形容詞のように、同じ資格の文や語句を並列する重要な働きをします。この2つの違いがわかることが、接続詞理解の第一歩です。等位接続詞のある文は一見複雑になることがあるため、文構造を把握するには等位接続詞が何を並列しているのかを明確にしなくてはなりません。

第23講　等位接続詞

　日本人が接続詞と聞くと従位接続詞を連想するのが普通ですが、解釈で大事なのは頻繁に登場する等位接続詞です。

　本書では英語力向上に役立たない文法用語はなるべく用いないようにしていますが、**等位**接続詞という難しい語をあえて使うのは、「等位」にこの接続詞の本質があるからです。地位の等しいものを並べることが、等位接続詞の働きです。forなども等位接続詞に分類されますが（→ 例題12）、解釈のポイントになるのはand、but、orの3つです。

> **例題95**
> He had, in fact, no little contempt for literature, and particularly for novels.　　　　　　　　　　　　　　　　　　　　　　（1953）

語注

in fact「実は[実際]、それどころか」/ contempt for ～「～に対する軽蔑」/ literature「文学」

解説

no little contempt for literature, and . . . for novels「文学、... 小説に対する小さくはない軽蔑」は等位接続詞 and に注目して、and が contempt を修飾する for literature と for novels を並列していることを見抜きます。両者に共通する for . . . という形に注目してください。

訳

それどころか、彼は文学、とくに小説に対して少なからず軽蔑を抱いていた。

3つの語句を and で並列すると、A and B and C ではなく、A, B and C と最後以外をカンマにします。たとえば、「衣食住」は英語にすると、food, clothing **and** shelter となります。「衣」と「食」が逆ですが、並列の形の例としてこのまま覚えてください。

例題 96

Soils, crops and livestock are the concern of the physical sciences related to agriculture, but there is also a human side to agriculture.

(1936・農)

語注

soil「土壌」/ livestock「家畜」/ concern「関心、関心事」/ the physical sciences related to agriculture「農業に関する自然科学」　名詞＋過去分詞の名詞修飾の型（→ 例題55）。/ physical science「自然科学」/ agriculture「農業」

解説

Soils, crops and livestock are . . .「土壌と作物と家畜は . . . である」は S_1, S_2 and S_3 V の型で3つの主語が並列されています。

訳

土壌と作物と家畜は、農業に関係した自然科学の関心事だが、農業にはまた人間的な側面もある。

次に等位接続詞 but や yet の重要な用法を見ましょう。

第6章　接続詞

> **例題 97**
> The sari is six yards of fabric folded into a graceful yet impractical garment. (2012)

語注

fabric folded into ...「... に折られる布地」　名詞＋過去分詞の名詞修飾の型（→ 例題 55）。/ fabric「布地、ファブリック」/ impractical「実用的ではない」/ garment「衣服」

解説

a graceful yet impractical garment「優雅だが非実用的な衣服」は a＋形容詞₁＋**yet**＋形容詞₂＋名詞「〈形容詞₁〉だが〈形容詞₂〉な〈名詞〉」の型で、yet が graceful と impractical を並列しています。

訳

サリーとは、6 ヤードの布地を折りたたんで作られた優雅だが実用的ではない衣服である。

not X but Y は「X ではないが、しかし Y」ではなく、「X ではなく Y」とワンセットとして解釈します（→ 例題 78）。
The past is recalled not because of itself but because of what it adds to the present. (1974)
「過去はそれ自体が原因で思い起こされるのではなく、過去が現在に付け加えるものが原因で思い起こされるのだ」

等位接続詞 and や but の前にカンマがある場合の対処法を考えます。

> **例題 98**
> He could sit up in bed and even eat a little, but the fever persisted. (1976)

語注

sit up in bed「（病人などが）ベッドで起き上がる」/ persist「持続する、（熱が）

第 23 講　等位接続詞

下がらない」

解説
　SV₁, but SV₂ の型です。カンマのあとに and や but があれば、SV が続くと予想します。..., and [but] ... を**ピリオドのように考える**ということです。

訳
　彼はベッドに座って、さらには少し食べることもできるようになったが、熱は続いた。

　なお、..., V となるのは SV₁, and [but] V₂ という V₁ と V₂ を並列する型です。この型では S は共通です。
She was not shocked, but went on sewing for a few minutes. (1989)
「彼女はショックを受けなかったが、数分間、縫い物をさらに続けた」
SV₁, but V₂ の型です。

　今度は ... and [but], ... のように、and と but のあとにカンマが続く型を考えましょう。

例題 99
　Then I would take a piece of chalk, and, starting at either end of the block, draw huge arrows leading up to the penny from both directions.　　　　　　　　　　　　　　　　　　　　(2009)

語注
Then「それから、それなら」　場面を新たにする、あるいは整えるための副詞（→ 例題 17）。/ would V「V したものだった」（→ 例題 160）/ huge arrows leading up to ～「～まで続く大きな矢印」　名詞＋現在分詞の名詞修飾の型（→ 例題 54）。/ huge arrows「巨大な矢印」　お金を埋めた場所を示す矢印のこと。/ lead (up) to ～「（最後には）～に通じる」（→ 例題 86）

解説
　would take ..., and, starting ..., draw ...「... をとって、... を始めて ... を描いたものだった」の and は take ... と draw ... を並列して、S と

125

would が共通です。starting . . . block は挿入です。並列表現の A, B, and C のように and の前にカンマがあることはありますが、and のあとにカンマが来ることはないので、and や but のあとのカンマは挿入の目印になります。

訳
それから、私はチョークを 1 本持って、ブロックの一方の端から始めて、両方向からそのペニーに至る巨大な矢印を描いたものだった。

Leave at once, **and** you will catch the last train.
「すぐに出発しなさい。**そうすれば**、最終電車に間にあうでしょう」

これは、命令文, and SV. の基本の型ですが、命令文以外でも and が「そうすれば」の意味になることがあります。

例題 100
A few more repetitions and you'd have an impressive hole. Keep going for a few hours, and you could produce a new valley.

(2014)

語注
keep going「進行し続ける」 keep Ving で「～し続ける」の意味。

解説
A few more repetitions and you'd have . . .「もう少し繰り返せば、あなたは . . . を手にするだろう」は名詞 and SV. で、命令文, and SV. に準じる型です。

訳
もう少し繰り返せば、見事な穴があくだろう。そのまま数時間やり続ければ、新しい谷を作り出せるだろう。

SV どうしは SV_1, SV_2. のようにカンマだけでつなげませんが、セミコロンなら SV_1; SV_2. のようにつなぐことができます。

第 23 講　等位接続詞

> **例題 101**
>   This exchange of population was very violent; it has been estimated that about 500,000 people were killed.　　　　(2004)

語注

This exchange of population「人口のこの入れ替え」 1971 年のバングラデシュ独立に至る前の描写。/ it has been estimated that SV「SV だと見積もられてきた」 it は仮主語で真主語は that 節（→ 例題 16）。/ estimate「見積もる」

解説

　This exchange ... was ... ; it has been estimated that ... は 2 つの SV がセミコロンでつながれています。

訳

　この人口の入れ替えは非常に暴力的で、約 50 万人が殺されたと見られてきている。

セミコロンは解釈で注意が必要な場合があります。

> **例題 102**
>   The first led to liberty; the second to equality.　　　　(1933・法)

語注

lead (← led) to ～「～に通じる」（→ 例題 99）

解説

　セミコロンのあとは the second (led) to equality「2 番目は平等に通じた」は述語動詞が前の SV と同じなので省略されています。セミコロンのあとでは省略や倒置が頻繁に起こります。「セミコロンの後ろは文法無法領域」と心得ておくと役に立ちます。

訳

　最初が自由に通じ、二番目は平等に通じる。

127

第 6 章　接　続　詞

> **演習 53**
> 　Reading is in reality a creative process affected by the attitudes, memories, and past reading experiences of each individual reader. It is this feature of reading which allows for the possibility of any poem having more than one interpretation.　　　　(2007)

語注

in reality「実際に」/ a 〜 process affected by ...「... によって影響を受けた〜な過程」　名詞＋過去分詞の名詞修飾の型（→ 例題 55）。/ It is this feature of ... which allows for ...「まさに ... のこの特徴こそが ... を見こむ」　It is 〜 which V の強調構文（→ 例題 18）。/ allow for 〜「〜を見こむ、〜を考慮する」/ any poem having ...「どんな詩にも ... がある」　have の意味上の主語は any poem（→ 例題 35）。/ more than one「1 つより多い」→「複数の」/ interpretation「解釈」

演習 53 の解説

　by the attitudes, memories, and past reading experiences of ...「... の姿勢や記憶や過去の読書体験」は by N_1, N_2 and N_3 の型で the attitudes と memories と past reading experience が並列され、この 3 つが of ... reader につながっている。

訳

　実は読書は個々の読者の姿勢や記憶や過去の読書体験に影響を受ける創造的な過程なのである。まさに読書のこの特徴こそが、どんな詩にも複数の解釈がある可能性の余地を許すのだ。

第 24 講　従位接続詞

　本講では SV どうしをつなぐ従位接続詞を考えます。一見すると従位接続詞だとは思えない表現があるので、それは意識して覚える必要があります。これは語尾が -ly にならない副詞に対する姿勢と同じです（→ 例題 89）。なお、本書では第 5 講をはじめ従位接続詞は単に「接続詞」と呼びます。また、接続詞に関する

もう1つのポイントである省略は、第29講で取り上げます。

> **例題 103**
> But, unless we want to go back to a pre-industrial world, we will not be able to protect the environment without the use of science.
> (2000)

語注

pre-industrial「産業化以前の」/ protect「保護する」

解説

　unless we want to go back to ...「私たちは ... に戻りたくないかぎり」は unless SV₁, SV₂「SV1 **しないかぎり** SV2」の型で、unless は接続詞です。

訳

　しかし、私たちが前産業化の世界へ戻りたくないかぎり、私たちは科学の使用なしで環境を守ることはできないだろう。

次に、接続詞の働きをする表現をまとめておきましょう。

---

unless SV「S が V しないかぎり」

so that S can V「S が V できるように」

as long as SV「S が V するあいだ [かぎりは / 条件で]」
provided SV「S が V するかぎりは [条件で]」
on condition that SV「S が V するかぎりは [条件で]」

as [so] far as SV「S が V するかぎり [範囲] は」

in case SV「S が V するのに備えて」
lest S (should) V「S が V しないように」

now (that) SV「今や S が V するので」
by the time SV「S が V するまでには」

第6章 接続詞

　接続詞か副詞かの判断が必要な語に once があります。次は副詞の例です。
Somebody once went to a good deal of trouble to find out if cigarette smokers make lower college grades than non-smokers. (1989)
　「喫煙者は非喫煙者と比べて、大学の成績が悪いのかどうかを、**かつて**わざわざ調べた者がいる」
　過去形と一緒に使われる副詞の once は「かつて」の意味です。一方、once には接続詞もあります。

例題 104
Once you're mentally exhausted, you become reluctant to make particularly demanding decisions. (2015)

語注

exhausted「疲れ果てた」/ be reluctant to V「V するのに気が進まない」/ demanding「きつい」

解説

　Once you're ... exhausted, you become ...「**いったん** ... 消耗すれば、あなたは ... になる」は Once SV₁, SV₂「いったん SV₁ すれば SV₂」の型です。この once は接続詞で、「いったん～すれば」の意味です。「**かつて**あなたが ...」は誤りです。

訳

　いったん精神的に疲労困憊すると、特につらい決断を下すのが億劫になる。

　日本語と同じで、接続詞自体の意味は最終的にはその前後の文どうしの関係で決まります。ただ、知っていれば便利な知識もあります。
Porter did not know till a month later that this box was packed by Mrs. Porter when her temperature was 104°F (40°C). (2010)
　「体温が 40 度もあった**のに**、妻がこの箱を荷造りしてくれたことを、ポーターはそれから 1 か月後にはじめて知った」
　When ... は「... のとき [場合]」で大まかな意味はつかめますが、I took a taxi to the station when I could walk there.「歩いていける**のに**、私は駅までタクシーに乗った」のように「のに」で解釈したほうが英文の意味により近づけ

第24講　従位接続詞

ます。この「のに when」も覚えておきましょう（→ 例題 126）。

演習 54

Faraway places with strange-sounding names are all very well, provided there are scrambled eggs for breakfast, air-conditioning, toilets that work, and people who speak English, even if they speak it with a curious accent. (1995)

語注

ヒルトンホテルの創始者である Conrad Hilton の考え方についての記述。/ Faraway places with strange-sounding names are ...「変に聞こえる名前を持つ遠い場所は ... である」 S with N V の型で、with strange-sounding name は主語となる名詞を修飾する形容詞句（→ 例題 60）。/ strange-sounding「変に聞こえる」/ toilets that work「使えるトイレ」 名詞＋that V の型で that は関係代名詞（→ 例題 83）。work は「機能する、うまくいく」で「機能するトイレ」→「使えるトイレ」。/ curious「好奇心をそそる、奇妙な」

演習 55

When Caesar reached it in 49 B.C., on his way home after conquering the Gauls, he knew that a general returning to Rome was forbidden to take his army across the river with him, lest it be considered an invasion of Rome. Waiting on the Gaul side of the river, in the "predecisional phase," he contemplated the risks and benefits of starting a civil war. (2015)

語注

When Caesar reached it in 49 B.C.「紀元前 49 年にカエサルがそこに着いたとき」 it は the Rubicon「ルビコン川」のこと。/ conquer「征服する」/ the Gauls「ガリア人」/ be forbidden to V「V するのは禁止されている」/ be considered ～「～とみなされる」（→ 演習 45）/ invasion of Rome「ローマ（に対する）侵略」/ predecisional phase「決断前の局面」/ contemplate「熟考

131

第6章　接　続　詞

する、予期［予想］する」

演習54の解説

provided SV の型で、provided は接続詞。provided［≒as long as≒on condition that］SV で、「．．．であるかぎり」という条件を表す。

訳

聞いたことがないような地名を持つ遠い場所であっても、朝食にスクランブルエッグが出て、冷暖房と使えるトイレがあり、英語を話す人がいるかぎりは、たとえ彼らが英語を珍奇なアクセントで話したとしても、全く支障はないのだ。

演習55の解説

lest it be considered an invasion of．．．「それが．．．に対する侵略だとみなされないように」は、lest S (should) V「SV しないように」の型。lest it be は lest S (should) V「V しないように」の should が省略されたもの（→ 例題161）。

訳

紀元前49年カエサルがガリア人征服後の帰路でそこに到達したとき、ローマに対する侵略とみなされないようにローマに帰還する将軍は自らの軍隊を率いて川を渡ることが禁じられていることを彼は知っていた。彼はガリア領の川岸で待機しながら、その「決断前の局面」で、内戦を始めるリスクと利点とを熟考した。

第6章のポイント

- □ 「等位接続詞」の「等位」の意味をよく考える。 → 例題95、例題96、例題97 / 演習53
- □ and や but では、カンマがその直前か直後かで役割が異なる。 → 例題98、例題99
- □ 命令文, and SV の型の応用形に注意。 → 例題100
- □ セミコロンのあとは「文法無法領域」。 → 例題102
- □ 従位接続詞だとわかりにくい表現を覚える。 → 例題103、例題104 / 演習54、演習55
- □ 「のに when」に注目。 → 例題104のあと

第7章
その他の重要な英文の型

> 前章までは文頭のパターンを出発点に、品詞の分類に従って、英文解釈をする際の道具にできる理論を解説してきました。本章では、5文型の構造だけに収まりきれず、品詞の知識だけでは対処しきれない型について見ていきます。ここまで同様、分析のための分析にならないように、その理論の枠組みがどのような効果を生むのかを念頭に置いて具体的に解説します。

第 25 講　the way SV

the way SV は「SV する方法 [仕方]」の意味を表し、全体で名詞節として用いられます。

> **例題 105**
> Perhaps disillusionment comes because of the way my employers and society treat me as a bricklayer.　　　　（1976）

語注

perhaps「（ことによると）かもしれない」/ disillusionment「幻滅」/ because of ~「~が原因で」/ employer「雇用主」/ as a bricklayer「レンガ職人として」 as の後ろに名詞がきて「~として」の意味（→ 例題 201）。

解説

the way my employers and society treat me「私の雇用主や社会が私を扱う方法」は the way SV「SV する方法 [仕方]」の型です。

訳

雇用者や社会がレンガ職人として私を扱うそのやり方のせいで、幻滅がやってくるかもしれない。

the way SV は細かく言えば「（独特の）SV する仕方」という意味が根底にあ

るので、個性や文化を表現したいときに使われます。

I like the way she looks when she smiles.
「彼女が笑うときの（個性的な）表情が私は好きだ」
→「彼女（だけ）の笑顔が好きだ」
次は文化の例です。

The way people act is conditioned by the social custom of their day and age—even the way they think and feel with what one might call their outer layers. (1981)
「人々の行動の仕方は時代や年齢の社会的な習慣によって条件づけられる。彼らの外側の層とでも呼べるかもしれないものでの彼らの考え方や感じ方でさえそうだ」

演習 56

No machine could bring the multiple senses to the job that a human can, feeling the way a car door just doesn't click properly in its frame or noticing a small flaw in a half-finished product. Robots might perform truly automatic, repetitive tasks, but jobs that required complex human skills and the ability to think independently were safe. (2014)

語注

multiple「多数の、多様な」/ click「かちっと鳴らす」/ properly「適切に」/ flaw「ひび、欠陥」/ half-finished「半分終わった、未完成の」/ repetitive「繰り返しの」/ jobs that required ...「...を求める仕事」 名詞＋that V の型で、that は関係代名詞（→ 演習 54）。また、カンマ＋but をピリオドと考えて、that が主語の中の関係詞であることから、述語動詞 were をつかむ（→ 例題 70）。

演習 57

Most children enjoy hearing a good story over and over again. That's the way it has always been. The problem is that most grown-ups don't enjoy telling the story as often as children like hearing it. (1996)

語注

over and over again「繰り返して」/ grown-up「大人」/ as often as . . .「...と同じほどしばしば」(→ 第33講)

演習56の解説

the way a car door just doesn't click properly「車のドアを適切にしっかり閉められていないやり方」は the way SV の型。「SV する**独特の**方法」から、「機械にはできない人間だけが感じ取れる独特の . . .」という含みをつかむ。

訳

車のドアが本来の形で枠内にカチッと適切に閉まっていないのを感じとり、未完成品の小さな欠陥に気づく人間ができる仕事に対しては、いかなる機械も多様な感覚を持ちこむことができなかった。ロボットは全く自動的で反復的な作業ならできるかもしないが、人間の複雑な技術や個別的に考える能力を求められる仕事は大丈夫だった（＝機械に奪われることはなかった）。

演習57解説

That's the way it has always been (so). は That is the way SV.「それは SV する方法である」の型。That は前文の内容を受けるので（→ 例題188）、「子どもが面白い話を何度も聞きたがること」。なお、この文の it はあえて言えば the situation「状況」で、定型表現である the way things are「現状」の things（＝ the situation）に当たるが、That's the way it has always been. で「昔からそう（いうもの）だったのだ」という定型表現として覚えること。

訳

ほとんどの子どもは面白いお話は何度も何度も聞くことを楽しむ。昔からいつもずっとそういうものなのである。問題は、ほとんどの大人は子どもたちがお話を聞くことを楽しんでいるほど、お話を語ることを楽しんでいないことだ。

第26講　S be . . . to V

Japan is said to be a small island country. を「日本は狭い島国になるためにと言われている」と解釈するのは誤りです。これは S be p.p. to V の型で、正しい解釈は、「日本は狭い島国だと言われている」です。この S be p.p. to V の

型は、外側の S ... to V を先に解釈してから、次に内側の (S) be p.p. を解釈するという手順を踏みます。この例では、「日本は狭い島国だ」＋「言われている」→「日本は狭い島国だと言われている」です。

> **例題 106**
> Children came to Comet from all parts of the country, for there each student was allowed to advance at his own rate.　　　（1976）

語注
for there each student was ... は for SV「というのは SV だからだ」の型（→ 例題12）。/ at *one's* own rate「自分独自のペースで、マイペースで」

解説
each student was allowed to advance ...「各生徒は ... 進級することが許された」は S be p.p. to V の型です。each student ... to advance＝「各生徒が進級する」＋(each student) was allowed＝「許されていた」→「各生徒は進級することが許された」となります。

訳
子どもたちは全国からコメットにやってきた。というのは、そこでは、各生徒がマイペースで進級するのが許されていたからだった。

S be＋形容詞＋to V の型は S を to V の後ろに回して解釈します。
The art of reading aloud is not difficult to acquire.（1959）
「声に出して読書をする術は身につけるのが難しくない」
The art of reading aloud を後ろに回して to acquire the art of reading aloud「声に出して読む術を身につけること」を踏まえます。

> **例題 107**
> What is a university is a question easy to answer if we put it in the more realistic form: What do people do in the universities?
> 　　　　　　　　　　　　　　　　　　　　　　　（1937・文）

第7章　その他の重要な英文の型

語注

What is a university is a question ...「大学が何かは ... な質問である」/ put 〜 in more realistic form「〜をもっと現実的な形で表現する」

解説

a question easy to answer「答えるのがやさしい質問」は名詞＋形容詞＋to V の型です。この場合も S be 〈形容詞〉to V の型に準じ、名詞を to V の後ろへ回して、to answer the question「その質問に答えること」を踏まえて解釈します。

訳

大学とは何かは、より現実的な形でそれを表現すれば答えるのが容易な質問になる。すなわち、人々は大学で何をしているのか、である。

次に受動態について見ていきましょう。

It has been found that humans have great difficulty in accurately gauging risk. 　　　　　　　　　　　　　　　　　　　　　　　(2015)
「人間は正確にリスクを測ることに相当の困難が伴うことがわかっている」
　太字部分が受動態です。find の主体、つまり「誰が見つけるのか」が明らかにされていません。受動態は主体が不明、あるいは主体を隠す場合に用いる表現法で、これが受動態の本質です。

例題 108
In America a high value is placed on progress. 　　　　(1974)

語注

In America a high value is ...「アメリカでは高い価値は ... 」　文頭前置詞句, SV. の型。カンマがないが、文頭前置詞を出す信号がカンマに優先する（→ 例題 6）。ここは America のあとの冠詞 a も主語発見の手がかりになる。

解説

a high value is placed on ...「高い価値**が** ... に置かれている」は S be p.p. の受動態です。誰が価値を置くのかの行為主体は明示されていません。

第26講　S be ... to V

訳
アメリカでは、進歩に高い価値が置かれている。

次は助動詞が入った受動態です。
The park is also one of the last places where the rare Iberian imperial eagle can be found. (1999)
「その公園はまた、貴重なイベリアカタシロワシが見られる最後の場所の1つである」
can be found「見つけることができる」が受動態です。

――――――――――――――――――――――――――――

演習58
I didn't know whether I was supposed to follow him or stay in the car. My curiosity got the better of me, so I got out and hurried to catch up with him.　　(1993)

語注
whether SV「SVかどうか（ということ）」(→ 例題193) / curiosity「好奇心」/ get the better of ～「～に勝つ」/ catch up with ～「～に追いつく」

演習59
Perdita decided that she must be brave. But although the nurse at the reception desk smiled at her as she asked her to spell her name, courage was not, after all, so easy to come by. Once again, her attempt to spell her own name disclosed her condition. So Flora, who was a sensible woman, did all the talking.　　(2011)

語注
reception desk「受付」　ここは病院の受付。Flora（フローラ）が養子のPerdita（ペルディタ）を病院に連れてきた場面。/ after all「（何やかや言っても）結局」/ come by ～「～を手にする」/ attempt to V「Vしようとする企て」（失敗することを含意）/ sensible「分別がある、気が利く、理にかなった」(→ 例題46) /

do all the talking「(代わって) 話をする」

演習 58 の解説

I was supposed to follow ...「私は ... についていくべきだった」は S be p.p. to V の型。I ... to follow ... =「私は ... についていく」+I was supposed =「(私は) することになっていた」→「私は ... についていくことになっていた」と解釈する。be supposed to V「V することになっている」は重要表現。

訳

彼についていくべきか、車の中にいるべきか私にはわからなかった。好奇心に負けて、私は外へ出て彼に追いつくために急いだ。

演習 59 の解説

S (courage)＋be (was)＋**形容詞** (easy)＋to V (to come by)、の型で、come by＋[the courage]「勇気を手にする」を踏まえて解釈する。

訳

ペルディタは自分が勇敢にならなければならないと決めた。しかし、たしかに受付の看護師さんは彼女に微笑んで名前を書くように彼女に頼んだが、結局、勇気を手にするのは容易ではなかった。再びまた、自分自身の名前のスペルを書こうとする彼女の企てが彼女の病状を暴露した。だから、気が利く女性であるフローラが、代わってすべてを話した。

第 27 講　S be to V

意味の上で S＝to V の関係が成り立つ S be to V の型では、to V は「V すること」と解釈します。

My only answer is to try to copy the style of learning I have experienced as an adult and adapt it for childhood. (2014)
「私の唯一の答えは、私が大人として経験してきた学びのスタイルを真似しようとする**こと**と、それを子ども時代向けに調整しようとする**こと**だ」

be to V の be to が助動詞のようになって、予定・義務・運命・可能の意味を表す場合があります。この場合 S＝to V の関係は成り立たず、to V は「V すること」と解釈できません。「V すること」と明確に区別してください。この be to は

助動詞の中では should に一番近い意味なので、原則として should に置き換えて、それを出発点にして考えるといいでしょう。

> **例題 109**
> Cooperation is in some ways a larger idea than peace. Peace suggests that I am not to interfere with anyone with violence.
> （1921・法）

語注

cooperation「協力」/ in some ways「ある意味で」/ interfere with ～「～に介入する」/ with violence「暴力を用いて」

解説

I am not to interfere with ...「私は . . . に介入するつもりはない」の be to が助動詞として使われる S be to V の型です。to interfere を「介入すること」と解釈しても意味が通らないので、be to は助動詞の働きをし「予定、つもり」の意味になります。

訳

協力はある意味で平和よりも広い考え方だ。平和は誰に対しても自分は暴力を用いて介入するつもりはないことを示唆する。

> **例題 110**
> But if there isn't a fence or anything, how are people to know? I mean, where's the difference then? （2004）

語注

a fence or anything「フェンスか何か」 名詞＋or anything [something] で「〈名詞〉か何か」の意味。/ I mean「つまり」 本心を示したり、相手の誤解を訂正するときの表現。/ difference「相違」 ここでは「国境」のこと。/ then「それから、それなら」（→ 例題 17）

第 7 章　その他の重要な英文の型

|解説|

how are people to know?「人はどうやって知ることができるのか」は S be to V. の型が疑問文になって (how) be S to V? と倒置されたものです。この be to は可能の意味で、「人はどうやって（そこが国境だと）わかるのか」の意味になっています。

|訳|

だが、フェンスも何もなかったら、人はどうやって知ることができるのか。つまり、それなら違いはどこなのか。

次に、if S be to V の型を取り上げます。if S be to V は仮定法の「万が一 S が V するなら [したなら]」の意味に必ずなるわけではありません。それは be 動詞が were の場合です。次例の be 動詞は現在形です。

例題 111

The light source must therefore be a lot brighter if it is to be used as a headlight to light up the path, than if it is to be used as a signal to others.　　　　　　　　　　　　　　　　　　　　(2006)

|語句|

light source「光源」/ therefore「したがって、それゆえに」/ a lot brighter「はるかにより明るく」 a lot は比較級を強める (→ 例題 45)。/ light up ～「～を照らす」/ path「小道」

|解説|

2 回登場する if it is to be used as . . .「もしそれを . . . として使いたいのなら」は if S be to V の型です。if S be to V は if S **want** to V です。厳密には「したい」の意味の want の主語は人なので、if you **want** to use it as . . .「もし**あなたが**それを . . . として使い**たい**なら」ですが、主語が人かどうかにこだわらず、want で解釈することが重要で、そうすることで文意は理解できます。

|訳|

それゆえ、道を照らすヘッドライトとしてそれを使いたい場合は、他者への信号として使いたい場合より、光源をはるかにより明るくしなければならない。

第27講　S be to V

演習60

One lesson that life teaches as we grow older is that both our fears and our hopes are mostly illusions and are not to be taken too seriously. Time after time we learn that that which we fear most in life never happens, or never happens exactly as we had dreaded.
(1982)

語注

lesson「教訓」/ both A and B「AかつB、AもBも両方」/ illusion「幻想［幻覚］、錯覚」/ take ～ seriously「～を深刻［真剣］に受けとる」/ time after time「何度も何度も」/ we learn that that which we fear ... never happens「私たちが ... 恐れていることは決して起こらないことを私たちは知る」　SV₁ that S₂ ... V₂ の型で、S₂ は that which we fear ...「私たちが ... を恐れていること」。that which ...「... のこと」（→ 例題185）。/ dread「恐れる」

演習61

In so far as he is wise this new power is beneficent; in so far as he is foolish it is quite the reverse. If, therefore, a scientific civilization is to be a good civilization it is necessary that increase in knowledge should be accompanied by increase in wisdom.
(1980)

語注

in so [as] far as SV「SがVするかぎり［する範囲では］」（→ 例題103）/ he は man「人類」のこと。/ beneficent「慈悲に富む、恩恵を施す」/ reverse「反対」/ civilization「文明」/ increase in knowledge「知識における増加」→「知識の増加」/ accompanied by ～「～を伴う」/ wisdom「知恵」

演習60の解説

our hopes ... are not to be taken too seriously「私たちの希望は ... 過

度に深刻に受けとめるべきではない」は S be to V の型で、be to を助動詞 should として考える。

訳
　年齢を重ねるにつれて人生が教えてくれる 1 つの教訓は、私たちが抱く恐怖と希望は両方ともたいていは幻想で、過度に深刻に受け取るべきではないということだ。人生で最も怖がっていることは決して起こらない、あるいは、恐れていたとおりには起こらないということを何度も何度も知るのだ。

演習 61 の解説
　If . . . a scientific civilization is to be . . .「もし科学的文明が . . . であってほしいのなら」は If S be to V の型だから、If S want to V として考える。たしかに、if . . . you want a scientific civilization to be . . .「もし**あなたが**科学的文明を良い文明に**したい**なら」ということだが、いちいち人を主語にして書き換えなくて意味はつかめる（→ 例題 111）。

訳
　人類が賢明である限りこの新しい力は恩恵を与えてくれるが、人類が愚かであるかぎり、それは全く反対になる。したがって、科学的文明を良い文明にしたいのであれば、知識の増加に知恵の増加が伴わなければならない。

第 28 講　to V のポイント

　第 6 講で文が To V で始まる場合を考えました。ここでは、to V に関するそれ以外の重要事項を取り上げます。述語動詞を修飾する to V の基本義は「～（し）て V する」と「V する**ために**（～する）」の 2 つです。まずはこの 2 つを押さえて、その上でより細かい意味を身につけるという方法がベストです。

例題 112
Last year I was invited to the University of California in Los Angeles to deliver a lecture.　　　　　　　　　　　　　　　(1978)

語注
be invited to ～「～に招かれる」/ the University of California in [at] Los Angeles「カリフォルニア大学ロサンゼルス校（UCLA）」/ deliver a lecture

「講義[講演]をする」

解説

I was invited ... to deliver a lecture「私は ... 招かれて講義をした」の「〜(し)てV」でも、「私は講義をする**ために** ... 招かれた」の「Vするために(〜する)」でもいいことを確認してください。

訳

昨年、私はUCLAに招かれて講義をした[私は講義をするためにUCLAに招かれた]。

このように「〜(し)てVする」「Vする**ために**(〜する)」の2つに簡略化する理由は、特に初心者はto Vの意味を確定する手間を避けるかのように、to Vを無視する傾向があるからです。英語では1語たりとも無視してよい語句はないのです。

では、次にto Vの意味を明確にする表現法を見ていきます。

例題113

In order to study animal intelligence, scientists offered animals a long stick to get food outside their reach.　　　　　　(2016)

語注

animal intelligence「動物の知能」名詞＋名詞の型で、前の名詞が形容詞の働きをする(→ 例題56)。/ offer O_1 O_2「O_1にO_2を差し出す」(→ 例題79) / outside *one's* reach「〜の手の届かないところに」

解説

In order to study ...「... を研究する**ために**」は in order to V「Vする目的で」という目的を表す表現法です。To study ... と in order なしでも、基本義の1つである「Vするために」で解釈できますが、in order to V を使うと、目的であることが明確になります。意味のレベルでは、in order to V には「Vするためにわざわざ ...」という含意がある点が異なります。なお、**a long stick to get ...**「... を手に入れるための長い棒」で、to V は名詞 a long stick を修飾

145

第 7 章　その他の重要な英文の型

する形容詞用法ですが、これは次の例題 114 で詳しく考えます。

訳
　動物の知能を研究するために、科学者は手が届かないところの餌をとるための長い棒を動物に与えた。

　to V が目的であることを明確にする表現として in order to V のほかに so as to V があります。
　Everything in Locke's system revolves round the individual; everything is disposed **so as to** ensure the sovereignty of the individual.（1932・経）
　「ロックの思想体系のすべては個人が中心であり、個人の主権を確保する**ために**すべては配列されている」

　SV_1, only to V_2 は to V の前に only が付くことで、「（わざわざ）V_1 したのに、（残念ながら）V_2 する結果だった」という意味になります。なお、only to V の前にカンマがあるのが原則です。
　One morning soon after I arrived, I went to the lighthouse, only to find that the old man had retired.（2005）
　「私が到着してから間もないある朝、灯台に出かけていったが、そのおじいさんはすでに引退していたとわかった」

　例題 113 では名詞＋to V の型の a long stick to get を基本義の「V するために」を用いて「V するための〈名詞〉」と解釈しましたが、形容詞用法と呼ばれるこの型は「V する**べき**〈名詞〉」と解釈したほうがより適切な場合が多いのです。

例題 114
　Instead of creating a huge list of words to learn, Zamenhof invented a system of very basic root words and simple ways to change their meanings.　　　　　　　　　　　　　　　　　　（2005）

語注
instead of ～「～の代わりに」（→ 例題 41）/ Zamenhof「ザメンホフ」　人工言語の「エスペラント」を考案したポーランド人。/ invent「発明する」（→ 例題 23）

第 28 講　to V のポイント

▶解説
　a huge list of words to learn「覚える**べき**言葉の膨大なリスト」は名詞＋to V の型です。この場合、名詞 words は learn の目的語になる VO の関係で、learn words「言葉**を**学ぶ」という意味を踏まえて解釈します。simple ways to change their meanings「それらの意味を変えるための（→ 変えるべき）単純な方法」も「V するべき〈名詞〉」で処理できる名詞＋to V の型です。

▶訳
　ザメンホフは学ぶべき言葉の膨大なリストを作らないで、ごく基本的な語根のシステムとその語根の意味を変える単純な方法を発案した。

　something to drink＝「飲む（べき）物」→「飲み物」と違って、simple ways to change their meanings は to VO なので、〈名詞〉と to V は目的語と動詞の関係ではありません。
　Snow certainly existed before humans first invented words to describe it.（2002）
「雪を叙述する言葉を人間がまず作る以前に、雪は間違いなく存在していた」
（→ 例題 23）
　words to describe it「それを叙述すべき言葉」は「言葉**が**それを説明する」という主語と動詞の関係になっています。

　次の名詞＋to V は名詞修飾の形容詞用法ではありません。
　The tendency to soften under stress was previously considered a weakness.（2013）
「ストレスの下で柔らかくなる（という）傾向は、それ以前は短所だと考えられていた」
　The tendency to soften ... は「... を柔らかくするための傾向」「... を柔らかくすべき方法」と解釈しても、どうもすっきりしません。これは「... を柔らかくする（**という**）傾向」と解釈します。あえて分析すれば、to V が The tendency を説明する同格用法、つまり、名詞＋名詞の型です（→ 例題 56）。
　このような用例で重要なものに、the tendency to V のほかに、the chance [opportunity] to V「V する機会」、the first [last] to V「最初 [最後] に V するもの、もっとも V しそうなもの [V しそうにないもの]」、the failure to V「V できないこと」（→ 演習 37）などがあります。

さて、I am happy to see you again.「あなたに再会できてうれしい」は to V が I am happy である理由を表しています。happy のように感情を表す語が前にある場合であり、一般に to V が原因や理由を表すのではないことに注意してください。判断の根拠を示す What a fool I was to say that!「そんなことを言うとは私は何とばかだったんだ」の用法と並んで、例外として整理します。

例題 115

Mike was flattered to be singled out by someone who was not only famous but also much older, for James was fifteen when Mike was nine. (1976)

語注

flattered「うれしい、光栄な」/ single out「選ぶ」/ not only A but also B「A だけでなく B（も）」/ much older「はるかに年長の」 much は far や a lot と並んで比較級を強める（→ 例題 111）。/ for James was ...「というのは、ジェームズは ... だったからだ」 for SV「というのは SV（からだ）」（→ 例題 12）

解説

Mike was flattered to be singled out「マイクは選ばれてうれしかった」は感情を表す語句＋to V の型です。「（マイクは）うれしい」という感情が生じた理由が to V で説明されています。

訳

マイクがうれしかったのは、有名なだけでなくずっと年長者に選んでもらったからだ。というのは、ジェームズが 15 歳でマイクは 9 歳だったからだ。

演習 62

I paused to take in this information. A Russian. This sounded exotic and interesting and made me inclined to forgive his rudeness. (2000)

第 28 講　to V のポイント

語注

pause「立ち止まる、一息つく」/ take in 〜「〜を取りこむ、〜を理解する」/ Russian「ロシア人」　父の死後に見知らぬロシア人男性が家にいるという状況。/ exotic「異国情緒の、エキゾチックな」/ made me inclined to forgive ...「私が...を許す気にした」　make O C の型（→ 例題 43）。inclined to V「V する気である、V しようとする」/ rudeness「無礼」

演習 63

　My husband and I were the first to arrive because we had made the youthful error of arriving at precisely the time for which we had been invited. The editor and his wife greeted us in the hall and were most gracious.　　　　　　　　　　　　　　　　　　　(1987)

語注

youthful「若々しい、若者特有の」/ editor「編集者」　the editor はここでは the managing editor「編集長」のこと。/ greet「挨拶をする」/ gracious「優雅な」

演習 64

　Although Pony Day has become necessary to the local economy, the fishermen and residents of Chincoteague as well as the ponies must be relieved to return to their quiet lives after Pony Day is over. The tourists, on the other hand, return to their busy modern lives from brief summer vacations, refreshed somehow by the sight of wild ponies swimming to freedom.　　　　　　　(2006)

語注

local「地元の、地域の」（→ 例題 62）/ resident「住民」/ as well as 〜「〜は当然として、〜だけでなく」（→ 演習 39）/ on the other hand「他方」/ refreshed「リフレッシュして」　解釈の際は being を補う（→ 例題 85）。/ somehow「なぜか、ともかく」

149

第 7 章　その他の重要な英文の型

| 演習 62 の解説 |

I paused to take in ... は「私は立ち止まって ... を理解した」と「私は ... を理解するために立ち止まった」のどちらで解釈してもよい。This sounded ... and made ... は主語が This で、述語動詞である sounded と made の 2 つが and で並列されている。

| 訳 |

私は立ち止まってこの情報を理解した。ロシア人である。私にはこのことはエキゾチックで興味深く響き、彼の無礼を許す気になった。

| 演習 63 の解説 |

the first to arrive「最初に到着する者[物]」は、the first [last] to V「最初[最後]に V する者[物]、最も V しそうな[しそうもない]者[物]」の形でそのまま覚えよう。

| 訳 |

夫と私が最初に到着した客だったのは、招かれたまさにちょうどの時刻に到着するという若気の至りの間違いをおかしたからだった。編集長と奥様は廊下で私たちに挨拶をしてくださり、たいへん優雅だった。

| 演習 64 の解説 |

must be relieved to return to ...「... に戻ってほっとしたにちがいない」は感情を表す語句＋to V の型で、to return ... は「ほっとした」理由を説明している。

| 訳 |

「ポニーの日」は地元経済にとって必要になったが、「ポニーの日」が終わったあとはポニーだけでなくシンコティーグの漁師や住民も、自分たちの静かな生活に戻れてほっとしているにちがいない。他方、旅行者は、野生のポニーが自由に向かって泳ぐのを見てなぜかリフレッシュして、短い夏休みを終えて多忙な現代的生活に戻るのだ。

第 29 講　省略

日本語と同様に、英語でも繰り返されるべき語句が省略されることがありますが、解釈では省略を補うことで理解できます。being、to be、oneself の 3 つは繰り返しの有無にかかわらずよく省略されます。being と to be の省略はすでに

第 29 講　省略

触れたので（→ 例題 86）、ここでは oneself の省略を見ておきます。
　make sure that SV は「SV することを確実にする［念を押す］」という意味の定型表現です。これに oneself を補って make *yourself* sure that SV とすると、「SV するとあなた自身を確信させる」の意味になって、make sure that SV が理解しやすくなります。

　The idea is to **make sure that** local people living near the new parks benefit from them, so that they become active participants in the program.（2004）
　「そのアイデアは、新設の公園の近くに住む地元の人たちが確実に公園の恩恵をこうむって、その結果、彼らが計画に積極的に参加するようにすることだ」

　日本語で言う接続詞（＝従位接続詞 → 第 24 講）に関して一番重要なことは、省略に関する事項です。

例題 116
Once under human control, they are known to become gentle animals, too.　　　　　　　　　　　　　　　　　　　　（2006）

▌語注
they are known to become ... は S be p.p.＋to V の型で、「彼らは ... になること」→「が」→「知られている」の手順で解釈する（→ 例題 106）。

▌解説
　Once under human control「いったん人間の支配下に（置かれると）」は接続詞＋(S be)＋... の型です。本来は Once SV₁, SV₂.「いったん SV₁ すると SV₂」となるはずですが、SV₁ がありません。主語とそれに対応する be 動詞が省略されているからです。この場合は Once (they are) under human control で、このように主語が主節と同じ場合は be 動詞と一緒に省略されます。**主語と be 動詞が一緒に省略される**点に注意してください。
▌訳
　いったん人間の支配下に置かれると、彼らは優しい動物になることが知られている。

第 7 章　その他の重要な英文の型

　I'm afraid not. や I hope not. は that SV 部分に省略があり、最終的に否定語 not だけが残ったものです。これは、否定に関する重要な文法から説明できます。

> **例題 117**
> Peter: I'm sorry, Sally, but I couldn't have left her like that, could I?
> Sally: No, I suppose not . . . .　　　　　　　　　　　　(1981)

語注

couldn't have p.p.「〜できる可能性はなかっただろう」(→ 例題 163) / suppose「〜 (じゃないかな) と思う」

解説

　Sally の発言 No, I suppose not. は Peter の発言を受けて、No, I suppose **that you could** not **have left her like that**. が省略されたものです。これは、「節の中で省略する場合は not だけを残す」というルールによります。

訳

ピーター: ごめんね、サリー。でも、そのような彼女をそのままにしておけなかったのだ、できないよね。
サリー: そうね、できないんじゃないかなと思うわ。

　If they were to explode「万が一それらが爆発したら」で、if を省略すると Were they explode と倒置します (→ 演習 18)。また、Should he come, ... は If he should come, ...「万が一彼が来たら ...」の If が省略された文であることも考えました (→ 例題 34)。この if と合わせて整理しておくべき語が whether です。

> **例題 118**
> Collecting has long been a popular hobby, be it for the usual stamps, coins, and buttons, or more recently for Pokemon trading cards.　　　　　　　　　　　　(2009)

152

語注

hobby「趣味」/ button「ボタン」

解説

be it for A, B, and C or . . . for D「それが A や B や C のためであれ、あるいは . . . D のためであれ」は whether it is 〜 or . . .「それが〜であれ . . . であれ」の whether が省略されて倒置された型です。or の前後には **for the usual stamps, coins, and buttons**「普通の切手やコインやボタンのため」と **. . . for Pokemon trading cards**「. . . ポケモンのトレーディングカードのため」という 2 つの前置詞句が並列されています。

訳

収集は長期間にわたり人気のある趣味である。たとえそれが普通の切手やコインやボタンであれ、もっと最近ではポケモンのトレーディングカードであれ。

Can you stand on your hands?「あなたは逆立ちができますか」に対する返答 Yes, I can. は Yes, I can **stand on my hands**. の省略です。また、Would you like to join us tomorrow?「明日、一緒にいかがですか」に対する返答 I'd be happy to. は I'd be happy to **join you tomorrow**. の省略です。

例題 119

Porter, I took out two hundred dollars last week. See if I left a note about it. I meant to.　　　　　　　　　　　　　　(2010)

語注

Porter「ポーター」 人名。/ take out「（預金を）引き出す」/ see if SV「SV するかどうかということをチェックする」（→ 例題 193）/ note「メモ、覚え書き」「ノート」は notes と複数形になる。

解説

I meant to. は I meant to **leave a note about it**.「私はそれについてメモを残したつもりだった」の省略です。文が to V の to だけで終わっている場合は、直前に登場した動詞以下の省略が起こっています。

第 7 章　その他の重要な英文の型

訳
ポーター、私は先週 200 ドルを引き出した。それについて私がメモを残したかどうかを調べてくれ。私はそうしたつもりだったので。

to V の to が省略される場合もあります。

"Well, I think what I'll do is teach the boys to stand on their own feet—think for themselves," I said. (1983)

「『そうだな、ぼくがやろうとしているのは自立すること、すなわち、自分で考えることを息子たちに教える**こと**だと思うよ』と私は言った」

ここでは what I'll do is **to** teach . . .「私がやろうと思うのは . . . を教える**こと**だ」の to が省略されています。

We are boys and you girls. は「ぼくたちは男の子で女の子の君たち」と解釈するのは誤りです。. . . and you **are** girls. と補って「ぼくたちは男の子で、君たち**は**女の子だ」が適切な解釈です。and など接続詞のあとに続く S be C は、このように be 動詞が省略されることがあります（→ 演習 68）。

演習 65
家庭での生活を終えて寄宿舎に戻るジェームズが、次に家族に会えるのは 13 週間後だと知る場面。

This was James's last moment; thirteen weeks was for ever, too long to wait before resuming a life which, although not appreciated at the time, now seemed Heaven. (1991)

語注
for ever「永遠に」/ resume「再開する」/ appreciate「真価 [心] がわかる」/ Heaven「天国」

演習 66
The interest of the gods in human affairs is keen, and on the

第 29 講 省略

whole beneficent; but they become very angry if neglected, and punish rather the first they come upon than the actual person who has offended them; their fury being blind when it is raised, though never raised without reason. (1951)

語注

空想小説の一部。/ human affairs「人間の諸事」/ keen「激しい」/ on the whole「概して」/ beneficent「慈悲の富んだ」/ they become . . . , and punish . . .「彼らは . . . になり、また . . . を罰する」 and は become と punish を並列。they は直前の複数名詞 the gods のこと。/ the first they come upon「彼らが出会う最初の者」 名詞＋SV の関係代名詞の省略の型（→ 演習 34）。

演習 67

I decided to settle back and enjoy what I could of the ride—after all, it was better than standing on a ladder painting shop fronts. I hadn't the slightest idea where we were going, but we were soon out of Paris and in open countryside. (1993)

語注

decide to V「V することを決める、V することにする」/ after all「(何やかや言っても) 結局」/ ladder「はしご」/ standing on . . . painting 〜「〜を塗りながら . . . の上に立つこと」（→ 例題 88) / shop front「店頭」/ hadn't the slightest idea . . .「. . . に関しては全くわからなかった」

演習 68

Although the people of the two halves of Bengal speak the same language, they are divided by religion, the majority of the population in the east being Muslim, and the majority in the west Hindu. (2004)

語注

the two halves「2 つの半分」「半分」とは何かを文脈から判断する。/ Bengal

155

第 7 章　その他の重要な英文の型

「ベンガル」　現在のインドとバングラデシュまたがる地域。/ Muslim「イスラム教徒の」/ Hindu「ヒンドゥー教徒 (の)」

演習 65 の解説

although not appreciated at the time「その時は良さがわからなかったけれど」は、although **the life was** not appreciated at the time の the life と be 動詞 was が省略された型。

訳
これがジェームズの最後の瞬間だった。その時は良さがわからなかったが、13週間は永遠であり、あまりに長くて今では天国のように思える生活に戻るまで待てなかった。

演習 66 の解説

they become very angry if neglected「無視されると彼らは非常に怒る」の if のあとは if **they are** neglected の S と be 動詞の省略。最後も、though **their fury is** never raised の省略。

訳
人間の諸事に対する神々の興味は強く、概して情け深いが、神々は自分がないがしろにされると非常に怒り、実際に自分たちを怒らせてきた人間ではなく、むしろ最初に出会った人間を罰する。また、神の怒りはそれが惹起されるとやみくもになるが、理由なく惹起されることは決してない。

演習 67 の解説

decided to settle back and enjoy . . .「後ろにもたれて . . . を楽しむことに決めた」は decided to V₁ and V₂ の型で、V₁ が settle、V₂ が enjoy。enjoy what I could of the ride は enjoy what I could **enjoy** of the ride「私が乗車から楽しめることを楽しみ」の 2 つめの enjoy が省略された形。ポイントは前置詞 of ~は out of ~「~から」の out が省略されたものだという認識。

訳
私は席にもたれてドライブをなるべく楽しむことにした。結局、はしごの上に立って店頭にペンキを塗るよりはましだったのだ。どこへ向かっているのか全く見当がつかなかったが、まもなくすると私たちはパリを抜けて広い田園地帯に出た。

演習 68 の解説

the majority of the population in the east being Muslim, and the majority in the west Hindu「東の住人の大多数はイスラム教徒で、西の大部分はヒンドゥー教徒だ」は (SV,) S₁ being C₁, and S₂ (being) C₂「(SVであり、) S₁ は C₁ で S₂ は C₂ だ」の型。and と being の 2 語に注目して、and the majority **of the population** in the west **being** Hindu の省略を見抜く。このように「being は常に省略の可能性がある」というルール（→ 例題36）から考えても、S₁ be C₁ and S₂ **be** C₂ のあとで be 動詞が省略された型に準じると考えてもよい。

訳
ベンガル地方の人々は東西ともに同じ言語を話すが、宗教で分かれており、東側の住人の大多数はイスラム教徒で、西側の大多数はヒンズー教徒である。

第 30 講　挿入

「正しいことをする」は do what is right、「〈君が〉正しい〈と思う〉ことをする」は do what ⟨you think⟩ is right です。

例題 120
The answers they give depend on how they think the worth of nature can be determined. 　　　　　　　　　　　　　　(1998)

語注
The answers they give depend ...　文頭の S sv V の型（→ 例題 1）。/ depend on ～「～に拠っている、～しだいだ、～に左右される」（→ 例題 70）/ the worth of nature「自然の価値」/ determine「(型・枠などを) 決める」

解説
how they think the worth of nature can be determined「自然の価値がどのように決められるかと彼らが考えるかということ」は sv SV で、how SV に they think が挿入された型です。「どのように自然の価値が決定されるのか」→「と」→「彼らが考える（かということ）」という手順で解釈します。

訳
彼らが出す答えは、自然の価値がどのように決められると彼らが考えるかに拠っ

第 7 章　その他の重要な英文の型

ている。

　You **have to** speak English. は「あなたは英語を話さざるをえない」ですが、the ability you **have to** speak English はどういう意味でしょうか。

> ### 例題 121
> "Come in, come in," he said, and immediately, with that strange power some people have to put you at ease, he made me feel at home.　　　　　　　　　　　　　　　　　　　　　(2005)

語注

that strange . . .　この that は次に関係詞節があることを示す（→ 例題 73）。/ put 〜 at ease「〜を落ち着かせる」/ made me feel . . .「私を . . . な気分にさせた」（→ 例題 45）/ feel at home「ほっとする」

解説

　that strange power some people have to put . . .「一部の人が持っている . . . を置く奇妙な力」は、名詞＋SV の名詞修飾の型です（→ 演習 66）。ポイントは名詞＋S have to put . . . が「S が . . . を置かざるをえない〈名詞〉」ではなく、「S が持つ . . . を置く〈名詞〉」と、have と to V が分離しているのを見抜けたかどうかです。

訳

　「入れ、入れ」と彼は言って、一部の人が持つ人をほっとさせる奇妙な力で、すぐに私を落ち着かせた。

　同様に、例題の前の the ability you have to speak English は、「あなたが英語を話さなければならない力」は間違いで、「あなたが持っている［あなたの］英語を話す力」です。これは例題 61 で考えた the ability of you to speak English と同じことを表すので、あわせて整理してください。

　例題 120 の The answers they give depend on . . . は S sv V の型ですが、S, sv, V と sv の前後にカンマがあると全く違う型です。

158

第 30 講　挿入

> **例題 122**
> As a subject of inquiry, one might think, it more obviously belongs to the geographer or the weather and climate specialist.
> (2002)

[語注]

As a subject of ...　as＋名詞「〜として」の型（→ 例題 201）。/ inquiry「問い合わせ、調査、研究」/ one　主語の位置の one「人」（→ 例題 175）。/ it　ここは snow のこと。/ more obviously「**これ**より明らかに」　あとに than ... がないので、「これ」を補う（→ 例題 134）。/ belong to 〜「(実は)〜に属する」/ geographer「地理学者」

[解説]

As a ... , one might think, it ... 「... として、それは ... と人は思うかもしれない」は、カンマで挟まれた SV が挿入された型です。文頭付近のこの型は、SV **that** ... として、文頭に出して解釈します。挿入されると that は必ず省略されます。

[訳]

研究テーマとして、それは、より明らかに地理学者あるいは天気や気候の専門家に属すると人は思うかもしれない。

> **演習 69**
> Many of our hopes do not center on what will bring us real peace of mind, but rather what others tell us will make us rich or beautiful. Conversely, we must not take our fears so seriously that they prevent us from taking any risks.
> (1982)

[語注]

not X but Y「X ではなく Y」（→ 演習 25）/ center on 〜「〜の集中する」/ peace of mind「心の平穏」/ rather「むしろ」/ conversely「反対に」/ must not 〜「〜してはいけない」（禁止）（→ 例題 162）/ take 〜 seriously「〜を深

159

刻に受けとめる」(→ 演習 60) / so ~ that SV「あまりに~なので SV」(→ 例題 208) / prevent ~ from Ving「~が V するのを妨げる」

> **演習 70**
>
> Excess, it seems to me, may justly be praised if we do not praise it to excess. In a lukewarm world it is the enemy of lukewarmness, it is a protest against virtues that sail among the shallows of caution and timidity and never venture among the perils of the high seas.　　　　　　　　　　　　　　　　　　　　　　　(1951)

語注

to excess「過度に」/ In a lukewarm world it is . . .「ぬるま湯の世界においては、それは . . .」文頭前置詞句＋SV の型(→ 例題 6)。/ lukewarm「生ぬるい」/ enemy「敵」/ lukewarmness「生ぬるさ」/ protest against ~「~に対する反抗」/ virtues that sail . . . and never venture「. . . を航海し決して危険をおかして進まない美徳」名詞＋that V . . . V の型で that は関係代名詞。virtue「美徳」/ shallows「浅瀬」/ caution「用心」/ timidity「臆病」/ venture「危険をおかして進む」/ peril「危険」

演習 69 の解説

what others tell us will make us . . .「私たちを . . . にするだろうと他人が私たちに言うこと」は what sv V の型で、what will make us . . .「私たちを . . . にするだろう」に others tell us「他人が私たちに言う」が挿入された型。

訳

私たちの希望の多くは、本当の心の平穏をもたらすことより、他人からそれのおかげで金持ちや美しくなれるだろうと言われることに集中する。反対に、全くリスクをおかせなくなるほどに、不安を深刻に受けとめてはならない。

演習 70 の解説

Excess, it seems to me, may justly be praised「度を過ぎた行為はほめられて当然のように私には思える」は、カンマに挟まれた SV が文頭付近にある S, sv, V の型で、本来の語順に戻せば、It seems to me **that** excess may justly be praised となる。

> **訳**
　度を過ぎた行為は、ほめすぎまでいかなければ、ほめられて当然だろうと私には思われる。ぬるま湯の世界では、やり過ぎることはぬるま湯の敵であり、それは警戒と臆病という浅瀬を航海し、荒波の危険の中は決して進まない美徳に対する反抗なのである。

第 7 章　その他の重要な英文の型

第 7 章のポイント

- [ ] the way SV の大きな役割は個性・文化の表現にある。　→ 例題 105 / 演習 56、演習 57
- [ ] S be p.p. to V の解釈手順は〈外側 → 内側〉の順で。　→ 例題 106 / 演習 58
- [ ] S be 形容詞 to V は S を後ろへ回す。　→ 例題 107 / 演習 59
- [ ] 受動態とは、主語が不明、あるいはあえて隠す場合の表現法。　→ 例題 108
- [ ] S be to V が意味することは「予定」「義務」「運命」「可能」。　→ 例題 109、例題 110 / 演習 60
- [ ] if S be to V は S be to V とは別表現。　→ 例題 111 / 演習 61
- [ ] to- 不定詞の解釈の基本は「...て〜」「〜のために...」である。　→ 例題 112 / 演習 62
- [ ] to V の意味を明確にする表現法がある。　→ 例題 113
- [ ] 名詞＋to V の不定詞の形容詞用法は「ため」よりも「べき」を優先させる。　→ 例題 114
- [ ] 感情を表す表現＋to V は特殊な型として整理する。　→ 例題 115 / 演習 64
- [ ] 省略の最重要事項は「接続詞のあとの省略」。　→ 例題 116 / 演習 65、演習 66
- [ ] 省略で最後まで残るのは not。　→ 例題 117
- [ ] ..., be..., は..., whether..., の省略と倒置の可能性が大。　→ 例題 118
- [ ] 助動詞と to のあとは動詞の省略の可能性がある。　→ 例題 119 / 演習 67
- [ ] S_1 be_1 C_1 and S_2 be_2 C_2 の be_2 の省略に注意。　→ 演習 68
- [ ] what is right と what you think is right の違いを理解する。　→ 例題 120 / 演習 69
- [ ] the ability you have to speak English の型に注意。　→ 例題 121
- [ ] S, sv, V → sv **that** SV となる。　→ 例題 122 / 演習 70

第 8 章
否　定

> 　否定表現の基本は、動詞の前後に not などの否定語を置くことです。don't や never などがあれば否定であることは明白ですが、問題はこういった否定語がないのに、否定の意味になる場合です。効果的な学習法は、そういった表現を意識して覚えることです。この方法は -ly 語尾でない副詞を覚えることや（→ 第 22 講）、接続詞だとわかりにくい接続表現を覚えること（→ 第 24 講）と同じ考え方に基づきます。本章では、否定語のない否定表現と、否定を含む重要表現について見ていきます。

第 31 講　否定語のない否定

　I do**n't** like tennis.「私はテニスを好ま**ない**」は、don't に not が含まれていることで否定文だとわかります。ところが、He is the last person to say that.「彼はそんなことを言いそうな最後の人である」→「彼はそんなことを言いそうにない人である」（→ 演習 63）が否定の意味になることは not がないので意識して覚えることが必要です。本書では、否定の内容になる文も否定文に含めます。
　まず、too＋形容詞・副詞を見ます。

> **例題 123**
> Existing society is both too complex and too close to the child to be studied.　　　　　　　　　　　　　　　　　(1984)

語注
existing「存在している、現実の」/ both A and B「A かつ B、A も B も両方」（→ 演習 60）/ complex「複雑な」/ close to ～「～に近い」

解説
　... society is ... too complex and too close ... to be studied「... の社会は ... 複雑すぎて ... 近すぎて、勉強されることは（ありえ）ない」は too

163

第8章 否　　定

～ to V は「V するには～すぎる」→「～すぎて V できない」の型です。too ＋形容詞［副詞］は「～すぎる」という意味になります。「**過ぎたるはなお及ばざるが如し**」とあるように、過度であることの描写にはそもそも否定の含みがあります。

▎訳▎
今の社会は子どもには複雑で身近すぎて、学習の対象にならない。

不定冠詞 a の有無が否定に関わる場合があります。

例題 124

The history of the coffee-house is not business history. The early coffee-house has left very few commercial records.　　　（2011）

▎語注▎
commercial「商売の」

▎解説▎
left very few commercial records「ほんのわずかしか商売の記録を残さなかった」は few ＋可算名詞の型です。records が可算名詞であることは -s からわかります。**a** few records のように不定冠詞 a があれば「記録が少し**ある**」、このケースのように a がなければ「記録はほとんど**ない**」という意味です。

▎訳▎
喫茶店の歴史はビジネスの歴史ではない。初期の喫茶店は商売の記録をほとんど全く残していない。

例題 125

Our ancestors had little conception of the difference between human beings and the animal creation.　　　（1986）

▎語注▎
ancestor「祖先」/ conception「観念、着想」/ the difference between A and B「A と B との（あいだの）相違」/ creation「創造物」　the animal creation で「動物」のこと。

第 31 講　否定語のない否定

解説

had little conception of . . .「ほとんど . . . という観念を持っていなかった」は little＋不可算名詞の型です。few は可算名詞を、little は不可算名詞を修飾しますが、それ以外の働きは共通しています。

訳

私たちの祖先は人間と動物との違いという観念がほとんどなかった。

a few 〜のように不定冠詞 a が**ある**場合は「〜が少し**ある**」と解釈し、a が**ない**場合は「〜がほとんど**ない**」と解釈します。little も同様です。

few や little を 2 語で表せば **hardly any** になります。

During Hitler's rise and early years in power, hardly anyone detected the inhumanity that we now see clearly in his face.（2008）

「ヒトラーの台頭と権力の座にあった最初の数年間に、現在では彼の顔から明確にわかる非人間性を看取した人はほとんどいなかった」

hardly anyone は「限りなくゼロに近い人（が V する）」→「（V する人は）ほとんどいない」となります。

次に副詞に移ります。often は知っているのに、その反意語 seldom「めったに . . . **ない**」を知らない人がいます。often と seldom はセットで覚えておきましょう。また、seldom を強調する表現 seldom, if ever, もあわせて押さえておきましょう。

hard と hardly では意味が異なります。

例題 126

　The point is that when there are many reasonable explanations you are hardly entitled to pick one that suits your taste and insist on it.　　　　　　　　　　　　　　　　　　　　　（1989）

語注

when . . .「. . . のに」（→ 例題 104 のあと）/ reasonable「納得できる、もっともな」/ be entitled to V「V する資格がある」/ pick . . . and insist . . .「. . . を選び . . . に固執する」　and は pick と insist を並列。/ one that suits . . .「. . .

165

第8章 否　　定

に合うもの」　名詞＋that V の型で that は関係代名詞（→ 演習 70）。one は代名詞で、ここでは an explanation のこと（→ 例題 174）。/ insist on ～「～だと言い張る、～を強いる」

解説

You are **hardly** entitled to . . .「あなたには . . . する資格がほとんどない」という否定の意味になります。

訳

大切なことは、納得できる説明がたくさんあるのに、自分の好みに合う説明だけを選んで、それを強いる資格はほとんどないということだ。

only が副詞で使われる場合には注意が必要です。

> **例題 127**
> Mozart was, we know, greatly appreciated in his lifetime, but only in Europe.　　　　　　　　　　　　　　　　　　　　　(2004)

語注

Mozart was, we know, . . . appreciated「モーツアルトが . . . 評価されていたことを私たちは知っている」　S, sv, V の挿入の型で、We know (that) Mozart was . . . appreciated（→ 例題 122）。/ appreciate「真価［心］がわかる」（→ 演習 65）

解説

but only in Europe「しかしヨーロッパにおいてでしかなかった」の否定の意味は only から出てきます。なお、ここは but **he was greatly appreciated** only in Europe「しかし彼はヨーロッパにおいてで**しか**大いに評価されて**いなかった**」の太字部分が省略されたものです。副詞の only は「～しか**ない**」で、否定の意味を内包しています。

訳

モーツアルトは存命中に大いに評価さていたが、それはヨーロッパにおいてでしかなかったことを私たちは知っている。

第 31 講　否定語のない否定

演習 71

Nowadays, however, major discoveries are seldom made by individual scientists. Much of contemporary science is corporate science, involving huge laboratories where large groups of scientists work on individual problems.　　　　　　　　　　　　（2001）

語注

nowadays「最近」/ much of ～「～の多く」（→ 例題 215）/ contemporary「同時代の、現代の」/ corporate「団体の、法人組織の」/ ... laboratories where large groups ... work on ...「... 大きなグループが ... 取り組む ... 研究室」　名詞＋where SV の型で、where は関係副詞（→ 例題 74）。/ work on ～「～に取り組む」

演習 72

At this first meeting, there were a few questions, but very little else, and Perdita hardly believed that Doctor Oblow was a doctor at all. He saw her looking at the three glass objects as he played with them, and asked her if she would like to choose one to hold while he asked her some questions.　　　　　　　　　（2011）

語注

At this first meeting「この初めての診察」　meeting は「会うこと」。ここでは医者と患者が会うこと。/ Perdita「ペルディタ」　女性の名前。/ Doctor Oblow「オブロー医師」/ at all「いやしくも」（→ 例題 131）/ object「物、オブジェ」/ as he played with ～「～で遊んでいるときに」　as SV「SV するときに」の型（→ 例題 203）。/ asked her if she would like to choose ...「彼女が ... を選びたいかどうかを彼女に尋ねた」　ask ～ if SV「SV するかどうかを～に尋ねる」（→ 例題 193）

167

第8章 否　　定

演習 71 の解説

major discoveries are seldom made by . . .「大発見は . . . によって**めったになされない**」は often「しばしば」の反対の意味の seldom によって否定の内容になっている。

訳

しかし、最近は大発見が個人の科学者によってされることはめったにない。現在の科学の多くは団体による科学で、科学者の大きなグループが個別の課題に取り組む巨大な研究所が関わっている。

演習 72 の解説

there were a few questions, but very little else「少し質問はあったが、それ以外はほとんど何もなかった」は a few 〜「少しの〜（がある）」と little「ほとんど（〜ない）」が等位接続詞 but の前後で対比されている。この little は名詞だが、強調には very を用いることができる。Perdita hardly believed that . . .「ペルディタは . . . であることがほとんど信じられなかった」は、**hardly believe** は「現実には信じるしかないが、それでも信じられない」、つまり「信じ**がたい**」ということである。

訳

この初めての診察では、少し質問はあったが、ほかにほとんど何もなかったので、ペルディタはオブロー医師がいやしくも医者であることがほとんど信じられなかった。彼は 3 つのガラス製のオブジェをいじっているときに、彼女がそれらに目を向けているのを目にし、問診をしているあいだに、手でつかむべきものを選びたいかどうかと彼女に聞いた。

第 32 講　重要な否定表現

本講では、まず to V（不定詞）と Ving（動名詞と現在分詞）の否定について考えます。

> **例題 128**
> In Britain, one of the minor duties of good citizenship is not to disturb the private life of other citizens.　　　　　　(1978)

語注

duty「義務」/ citizenship「市民権、市民(＝citizen)」(→ 例題 61) / disturb「邪魔する」

解説

one of ... is not to disturb ...「...の1つは ...を邪魔しないことだ」はS be C.「S は C だ」の型で、C が not to V で、to 不定詞の否定形です。S be not C「S は C ではない」という SVC の否定文でないことに注意してください。

訳

イギリスでは、善良なる市民の小さな義務の1つは、ほかの市民の個人生活を邪魔しないことだ。

例題 129

I was startled, not expecting him to have my name so readily on his lips. (2000)

語注

be startled「(ひどく)驚いている、ぎょっとする」/ expect 〜 to V「〜がVするものと思う[予想する]」(→ 演習 25) / readily「簡単に」/ on *a person's* lips「〜が口[話題]にする」

解説

not expecting him to V「彼がVすることを予想していなかった」は not Ving という現在分詞の否定形です。

訳

それほどすんなりと私の名前が彼の口から出てくるとは思っておらず、私はぎょっとした。

Ving の否定の表現法は動名詞でも同じです。
Not seeing each other through the week had kept their relationship fresh. (2008)
「2人が一週間会わ**ないこと**が自分たちの関係を新鮮に保っていた」
not seeing は動名詞 seeing「会うこと」の否定で「会わ**ないこと**」。

第8章 否　定

次に、文頭の副詞の否定について考えます。

> **例題 130**
> Not surprisingly, then, most philosophers and sociologists of science have given up the heroic model.　　　　　　　　(2001)

語注
philosopher「哲学者」(→ 演習 47) / sociologist「社会学者」/ heroic「英雄の」 hero「英雄」の形容詞。

解説
　Not surprisingly, ... は「驚くまでもなく、...」は Not ＋副詞, SV の型で、文頭から SV 全体を修飾します。解釈は、It is not surprising that SV「SV は驚くべきことではない」と同じです。

訳
　それから、驚くべきことではないが、ほとんどの科学哲学者と科学社会学者が英雄モデルを放棄してしまった。

次は、「全く ... ない」と強く否定する表現法を見ます。

> **例題 131**
> Indeed, in the year 1000 there was no concept of an antiseptic at all.　　　　　　　　(2001)

語注
indeed「実際 (は)」(→ 演習 2) / the concept of ～「～という概念」/ antiseptic「消毒剤」

解説
　there was no concept of ... at all「... という概念は全くなかった」は There be ～の型の～にある否定語＋at all で強く否定されています。否定語と at all はセットで否定を強める働きをして、「全く ... ない」という意味になります。

170

訳

実際、西暦1000年には消毒剤という概念は全く存在しなかった。

なお、if SV の条件文などの肯定文で使われる at all は「いやしくも、どうせ」と解釈します。

Instead, he was upset about the world his generation is turning over to mine, a world he fears has a dark and difficult future—if it has a future at all. (2011)

「その代わりに、自分の世代が私の世代に受け渡しつつある世界、すなわち、いやしくも未来があるのであれば、暗く困難な未来になると彼が恐れている世界について彼は案じていた」

「必ずしも . . . だとは限らない」といったように、全体の中の一部を否定する表現法を部分否定と呼びます。意味のレベルで言えば、部分否定は例外もあることを示す表現法です。

例題 132
Even so-called war zone is not necessarily a dangerous place: seldom is a war as comprehensive as the majority of reporters suggests. (2016)

語注

so-called「いわゆる」/ seldom is a war . . .「戦争が . . . であることはめったにない」 seldom be S C で否定語が前に出て倒置された型（→ 例題28）。/ as 〜 as . . .「. . . ほど〜（ではめったにない）」（→ 第33講）/ comprehensive「包括的な」/ the majority of 〜「〜の大多数」/ suggest「提案する、連想させる」

解説

is not necessarily a . . . place「必ずしも . . . な場所とは限らない」は not necessarily「必ずしも . . . とは限らない」の型です。この necessarily は「必然的に」の意味で、「必然的ではない」→「必ずしも . . . とは限らない」という流れです。

第8章 否　　定

[訳]
　いわゆる戦争地帯ですら必ずしも危険な場所であるとは限らない。記者の大多数が連想させるほど戦争が広範囲に及ぶことはめったにない。

次に形容詞による部分否定を見てみましょう。

> **例題 133**
> But in other cases, not every lie is one that needs to be uncovered.
> (2009)

[語注]

one　この one は a＋名詞で、ここは a lie のこと（→ 例題 174）。/ one that needs ...「... を必要とするもの」　名詞＋that V の型で、that は関係代名詞（→ 例題 126）。/ uncover「暴露する」

[解説]

not every lie is ...「すべての嘘が必ずしも ... であるとは限らない」は S be C. の型で、S が not every＋単数名詞の部分否定になっています。not every ～ という否定語＋形容詞の語順がポイントです。

[訳]
　しかし、そのほかの場合では、すべての嘘が暴かれる必要があるとは限らない。

◆◆◆◆◆◆◆◆◆◆◆◆◆◆◆◆◆◆◆◆◆◆◆◆◆◆◆◆◆◆

> **演習 73**
> 　Rebecca feels guilty about not coming down to see her mother more often. Harriet is always mentioning something he needs—lavender bath powder, or socks or blanket to put over her legs when they wheel her outside. Rebecca mails what she can, sometimes touched by but at other times annoyed by the many requests.
> (2015)

172

第 32 講　重要な否定表現

語注

feel guilty「やましさを感じる」/ is always mentioning something「いつも何かを言い立ててばかりだ」 be always Ving は「（困ったことに）V するばかりだ」という非難の含みがある進行形（→ 例題 149）。/ put over「～（を覆うよう）に置く」/ wheel「（車や自転車などで）連れ出す」/ what she can「（送ることが）できるもの」 what she can **mail** の省略（→ 例題 119）。/ sometimes ... at other times「ときどきは ...、またそのほかのときは ...」→「... なときもあれば ... なときもある」/ touched by but ... annoyed by ~「～に感動するが、... 怒りも感じる」 but は touched by と annoyed by を並列している。

演習 74

Familiarity with basic science is more important than ever, but conventional introductory courses in science do not always provide the necessary understanding. Though knowledge itself increasingly ignores boundaries between fields, professors are apt to organize their teaching around the methods and history of their academic subject rather than some topic in the world.　　　　　(2011)

語注

than ever「かつてよりも」/ conventional「伝統的な、型どおりの」（→ 演習 22）/ introductory course「入門課程」/ increasingly「ますます」/ ignore「無視する」/ boundary「境界」/ be apt to V「V する傾向がある」/ organize「組織する、準備する」/ methods「方法論」 この意味では具体化の働きの複数形。/ academic「アカデミックな、学術的な」/ ~ rather than ...「（どちらかと言えば）... よりもむしろ～」（→ 例題 145）

演習 73 の解説

Rebecca feels guilty about not coming down「レベッカは行か**ないこと**に罪悪感がある」は ... about not Ving の型。not coming は動名詞 coming「行くこと」の否定。

訳

以前より母に会いに行かなくなったことについてレベッカには罪悪感がある。

第 8 章　否　　定

彼らがハリエットを車で外に連れ出すと、ハリエットはいつも自分の欲しい物ばかりを言い立てる。ラベンダーの入浴剤、ソックスや膝掛け。レベッカは送れるものは送り、多くの要求に感動することもあるが腹が立つこともある。

演習 74 の解説

　introductory courses in ... do not always provide ...「...の入門課程が必ずしも...を供給しない」は not always ...「必ずしも...だとは限らない」の部分否定の型。

訳

　基礎科学に慣れ親しむことがこれまでになく重要になっているが、従来どおりの科学の入門課程では必ずしも必要な理解が得られるとは限らない。知識自体が分野の垣根をますます越えてきているが、世間の何らかの話題よりも、自分の専門科目の方法論や歴史を中心に教授は自分たちの講義の準備をしがちである。

第 8 章のポイント

- [ ] not や never がない否定表現の型に注意。 → 例題 123 / 演習 71
- [ ] a few/a little ⇔ few / little の関係を意識する。 → 例題 124、例題 125 / 演習 72
- [ ] hard≠hardly である。 → 例題 126
- [ ] 副詞 only の意味に注意。 → 例題 127
- [ ] to V と Ving と文頭の副詞の否定の表現法はすべて同じ。 → 例題 128、例題 129、例題 130 / 演習 73
- [ ] not . . . at all と肯定文の at all では意味が異なる。 → 例題 131
- [ ] 部分否定は「例外もある」ことを示す。副詞、形容詞とも not はその直前にある。 → 例題 132、例題 133 / 演習 74

第9章
比　　較

> So you see, I'm not really a goose, I'm not really as brave as a lion. (1998)
> 「あのね、ぼくは本当はとんまなガチョウでもないし、本当はライオンのように勇敢でもないんだよ」では、as brave as a lion が比較表現です。「勇敢である」ことを表現するのに、受け手も「勇敢である」ものだと認識している「ライオン」を持ち出しています。このように、as 〜 や than 〜 の位置には発話者と受け手のあいだの共通認識がくることが、比較表現の本質です。では、その as 〜 や than 〜 の共通認識の部分が省略されたらどうすべきか、その対処法から始めましょう。

第33講　比較の基本

　比較表現では、しばしば比較の対象が省略されます。He is as old (as Bill). や He is older (than Bill). の as Bill や than Bill が省略される場合を考えます。

> **例題 134**
> Sally: Well . . . Peter, I'm sorry for the way I snapped at you.
> Peter: Oh, that's all right. I understand. I'd have been just as angry in your place.　　　　　　　　　　　　　　　　(1981)

語注

the way SV「SV の仕方、SV のように」(→ 例題 105) / snap at 〜「〜に食ってかかる [かみつく]」/ I'd have . . . I would have . . . のこと。/ in your place「あなたの立場なら」

解説

　I'd have been just as angry「ぼくだって同じくらい怒っただろう」は、as angry as . . .「. . . と同じくらい怒って」の as . . . がありません。こういった場

合は「これ」を補って「**これと**同じように怒っている」とします。省略された as . . . は筆者と読者との共通認識なので、「これ」に当たります。ここは会話文なので、その共通認識は「さっきの君と同じように」です。

▶訳
　サリー：えっと、ピーター。あんなふうに食ってかかってごめんなさいね。
　ピーター：いや、いいよ。わかるよ、ぼくが君の立場だったら、ぼくだって君と同じように怒っていたよ。

ところで、この例題にも登場する just は意味がつかみにくい語で、日本語の「ジャスト」から「ちょうど」としてもうまくいかないでしょう。この語の意味の本質は「(相手の予想からの) ズレ」にあり、そこがわかればこの語に近づけるはずです。「(ぼく) だって . . . よ」という感じです。

また、than . . . が省略された場合も、「これより」と「これ」を補って解釈します。

China is larger than **Japan**.「中国は**日本**よりも広い」では、than のあとは名詞ですが、as や than のあとは必ず名詞になるのではありません。

例題 135
Prehistoric man may well have had as much brain power as has the man of today. （1981）

▶語注
prehistoric「先史時代の」/ man「人類」/ may well have p.p.「～だったと言ってもよいかもしれない」←「当然のこととして～だったかもしれない」　well＝naturally「当然のこととして」として考える。/ brain power「知能、頭脳」

▶解説
　as much brain power as has the man of today「今日の人類が持つのと同じくらいの知能」は as ～ as VS の型です。これは Prehistoric man had brain power.「先史時代の人類は知能を持っていた」と The man of today has brain power.「今日の人類は知能を持っている」という 2 つの SV を比べています。共

177

第9章　比　較

通する目的語 much brain power は後者では省略されて、述語動詞が倒置されています。このように、than や as のあとの省略や語順はわかる範囲で自由だと承知しておいて、いちいち面食らわないようにしましょう。

[訳]
　先史時代の人類が現代人と同じくらいの知能を有していたことは十分ありえるかもしれない。

　比較表現ではまず何と何を比較しているのかをつかむことが重要です。そのためにも、先に型に注目し、その上で意味を考えるという姿勢がいいでしょう。

例題 136

However, even at this stage time passes many times more slowly than it does for adults.　　　　　　　　　　　　　　　　(2013)

[語注]
at this stage「この段階で」　stage は前の前置詞が at か in なら「段階」、on なら「舞台」となる。/ many times more slowly than ...「...の何倍もゆっくり」　X times ＋比較級＋ than ...「...の X 倍の〜」の型（→ 例題146）。

[解説]
　than it does for adults「それ（＝時間）が大人にとって過ぎるのと比べて」は、前の SV と比べて考えます。前は time passes slowly なので、than 以下は time passes slowly for adults で、it＝time、does＝passes です。

[訳]
　しかし、この段階ですら時間は大人に対してより何倍もゆっくり流れる。

　次に比較と否定が入った文について考えます。

Spinoza says that a free man thinks of nothing less than of death. It is unnecessary to dwell upon it, but it is foolish, as so many do, to shrink from all consideration of it.（1952）
　「自由人は死についてほどほどに考えるとスピノザは言っている。死についてくよくよ考えるのは不必要だが、あまりに多くの人がそうであるように、死に対す

178

る一切の考慮を避けるのも愚かである」

　第1文の less を more にして、of nothing と of death を入れ替えれば比較的わかりやすいのですが、比較と否定が組み合わさると瞬時に理解するのが困難であることをまず自覚しましょう。

> **例題 137**
> Property, beyond the means of subsistence, evidently serves less as an instrument of direct material enjoyment than as a means of prestige and power over other persons. 　　　　（1935・経）

語注

property「財産、所有物」/ beyond ～「～を超［越］えて、～にとどまらず」/ means「手段」/ subsistence「最低限の生活、必要な生活の糧」/ evidently「明らかに、どうも～は間違いないようだ」/ instrument「器具、道具、手段」/ prestige and power over ～「～に対する威信と権力」

解説

　serves less as an instrument of ～ than as a means of ...「...の道具としてではなく～の手段として機能する」は less A than B「B より A でない」の型です。わかりにくければ、less A than B を一度 not A but B「A ではなく B」に変換して、それに比較の意味を加えます。

訳

　所有物は最低限の生活の手段にとどまらず、直接的な物質的喜びの道具としてではなく、むしろ他人に対しての威信や権力の手段として機能するのはどうも間違いがないようだ。

> **演習 75**
> We all agree that the aim of education is to fit the child for life; however, there are as many opinions as to how that fitting is to be done as there are men to hold them. For example, fully half of our

第9章　比　較

teachers cannot see that imagination is the root of all civilization.
(1986)

語注

aim「狙い、目標」/ fit A for B「A を B に適合させる」/ how that fitting is to be done「いかに適合がなされるべきか」　should に置き換えられる be to の用法（→ 例題 109）。/ men to hold them「それ（＝意見）を持つ（べき）人々」（→ 例題 114）/ root「根本」

演習 76

　Not the least of the Zoological Gardens' many attractions is their inexhaustibility. There is always something new, and—what is not less satisfactory—there is something old that you have previously missed.
(1957)

語注

Not the least of ～「～の最たるもの」　複数の例示のあとで用いる定型表現である not the least of which「そのうちの最たるもの」などと同じ用法。/ Zoological Garden「動物園」/ inexhaustibility「無尽蔵」/ something new [old]「新しい [古い、古くからある] もの」　-thing＋形容詞の型（→ 例題 52）。/ previously「（それ）以前は」

演習 75 の解説

　there are as many opinions as to ... as there are men to hold them「...に関する意見の数は、それらを持つ人と同じくらいの数が存在する」は as ～ as ...「...と同じくらい～だ」の型。as many opinions を見て、それに呼応する as ... を探す。as to ～は「～に関して（＝about）」の意味なので当たらない。

訳

　教育の狙いは子どもを人生に適合させることであることに我々はみな同意している。ところが、その適応がどのようになされるべきかに関しての意見は十人十色である。たとえば、我々の教師の優に半数は、想像力がすべての文明の根本であることがわからないのだ。

演習 76 の解説

what is not less satisfactory「これに劣らず満足を与えること」は less に対応する than がないので、「これ」を補って解釈する。not less ≒ more だが、わざわざ less を否定しているレトリックの含みを汲みとる。

訳

動物園にあるたくさんの魅力の中の最たるものは、魅力が尽きることがないことである。いつでも新しいものがあり、またこれに劣らず満足できることは、以前は見落としていた古くからあるものが存在していることだ。

第 34 講　比較の重要表現

not so [as]〈形容詞〉as ... は「...ほど〈形容詞〉ではない」の意味です。では、次の場合はどうでしょうか。

He is **not so much** a scholar **as** a writer.

これは「彼は学者というより作家だ」の意味で、so を as に置き換えられない定型表現です。上の「...ほど～ではない」から意味を導けないこともありませんが、not so much A as B＝「A というよりむしろ B」とそのまま覚えたほうがいいのです。

例題 138

Yet the early Greek thinkers sought not so much to observe and classify these regularities as to invent some universal principle that explains everything. (1962)

語注

yet「しかし（それでも）」/ sought to V「V しようとした」 sought は seek の過去形。/ classify「分類する」/ regularities　regularity「規則正しさ」の複数形。具体化の働きをする複数の -s の意味を読みとること。/ invent「発明する[考え出す]、でっちあげる」/ some universal principle that explains ... は名詞＋that V の型で、that は関係代名詞（→ 例題 126）。/ universal「普遍的な」/ principle「主義、原理」

181

第 9 章　比　　較

解説

　sought **not so much** to observe and classify . . . **as** to invent . . .「. . . を観察して分類しようとするよりむしろ . . . を発明しようとした」は not so much A as B「A というよりむしろ B」の型で、A が to observe and classify . . . 、B が to invent . . . です。それぞれの to V が sought につながります。

訳

　しかしそれでも、初期のギリシャの思想家は、こういった規則正しい現象を観察して分類しようとするよりも、むしろすべてを説明する何らかの普遍的な原理を考え出そうとした。

　not less ≒ more（→ 演習 76）、**not** more ≒ less、**not** better ≒ worse の関係ですが、not が no になった、**no** more や **no** better といった no + 比較級の型はアプローチの仕方が全く異なります。

例題 139
　The weather reports were no better than before, and the sky seemed full of snow again. 　　　　　　　　　　　(1988)

語注

weather report「天気予報」/ than before「以前より」

解説

　were no better than before「以前と**同じ**で（よくなってはおらず）」は no + 比較級の型です。「比べてはみたが、結局は**同じ**だ」ということです。

訳

　天気予報は相変わらずで、満天再び雪の様相だった。

　no better と **no** worse は客観的には同じですが、better に、「ゼロ（の）」の意味で出発点に戻そうとする働きを持つ no が加わることで、「（よくなると予想したが）**同じ**だ」という否定的な気持ちが含まれます。たとえば、no more than 10,000 yen も no less than 10,000 yen もどちらも客観的には「1 万円」という同じ額ですが、主観的には前者が「たった 1 万円（しかない）」と否定的で、後者が「1 万円も（ある）」と肯定的な気持ちが含まれます。

第 34 講　比較の重要表現

No sooner ～ than ...「～するやいなや ...」は、no の働きで客観的には「～」と「...」が同時であることを表します。「...より早くなる」と予想していたのに、...と同時だったので、「...はもう起こったのか」ということです。

No sooner does he speak **than** all of us feel as if we had been wishing to speak that very thing.（1916・農）

「彼が話をするとすぐに、まるで私たちはまさにそのことを話したいと思っていたかのように私たち全員が感じたのだ」

例題 140
We can no more order them about than we can give an order to the engine of a car. （1979）

語注
order them about「それらにあれこれ命令する」　order ～ about で「～にあれこれ命令［指図］する」の意味。them はここでは人の内臓器官のこと。

解説
can no more order ～ than we can give ...「私たちが ...を与えられないのと同じように～にあれこれ命令できない」は no＋比較級＋than ～「～と同じ」の型です。「エンジンを命令で動かす」のが不可能であるのと同じように、「内臓器官に命令する」のも不可能だと言っており、than 以下が不可能であることのわかりやすい事例として使われています。

訳
自動車のエンジンに命令を出せないのと同じで、それらにも細かく命令できないのだ。

no＋比較級＝「(比べてみたが、結局は) 同じ」という基本に戻ると、上の表現は「(ナンセンスさが) 同じ」だということです。「あなたは内臓器官に命令できると言うのかい。それはエンジンに命令できると言うのと同じ (ナンセンスな) ことだよ」です。

次に、the＋比較級の型を 3 つの場合に分けて考えます。

第9章　比　　較

The taller girl is my sister.
「背の高い**ほう**の女の子が私の妹だ」
the があることで、「2人の女の子」の存在が暗示されます。日本語の「...**ほうの女の子**」の「ほう」と同じです。

例題 141
The first was: 'Which seems to you the larger, an elephant or a second?'　　　　　　　　　　　　　　　　　　　　　　(1989)

［解説］
Which . . . the larger, . . . ?「...どちらが(2つのうち)より大きいほう...か」は、「ゾウ」と「秒」の2つのうち the＋比較級で「より〜なほう」はどちらかと聞く疑問文です。

［訳］
最初の質問は次のとおり。「象と秒はどちらのほうが大きいと思えますか」

"How are you today?"
"The better for seeing you, thank you"
「今日はどうですか」
「あなたに会えたから(その分だけ)元気になりましたよ、おかげ様で」
この会話のポイントは **The** better **for** . . . の the＋比較級＋for . . . の型です。

例題 142
Who's the better for being spoilt? Grown man, lad or girl? Nobody.　　　　　　　　　　　　　　　　　　　　　　　(1979)

［語注］
being spoilt「甘やかされること」　spoil「甘やかす」の受動態の動名詞。/ lad「坊や」

［解説］
the better for being spoilt「甘えかされることで**その分だけより**よくなる」

は the ＋比較級＋for ...「...の分だけより～」の型です。
■訳■
　甘やかされることで、それだけ向上する人がいるだろうか。男性でも、男の子でも、女の子でも。誰もない。

　The sooner, the better.「早ければ早いほどよい」は、もともとは The sooner SV$_1$, the better SV$_2$.「より早く SV$_1$ すれば、それだけよりよく SV$_2$ する」という型です。

例題 143
Scientific thought becomes increasingly difficult the less its material is amenable to quantitative treatment and the more it is related to deeply rooted emotional attitudes. （1935・医）

■語注■
amenable to ～「～になじむ」/ quantitative treatment「量的取り扱い、定量化」/ emotional attitude「情緒的態度」

■解説■
　Scientific thought become ... the less its material is amenable to ... and the more it is related to ...「その素材が ... になじまなくなり、それが ... に関係すればするほど、科学的思考は ... になる」は SV$_1$ the less SV$_2$ and the more SV$_3$.「SV$_2$ しなくなり SV$_3$ すればするほど、SV$_1$ する」の型で、2つの the ＋比較級＋SV が and で並列されています。
■訳■
　科学的思考は、その素材が定量化になじまなくなり、深く根づいた情緒的態度により関係すればするほど、ますます難しくなる。

　I would rather V$_1$ than V$_2$ は「V$_2$ よりむしろ V$_1$ したい」という意味です。
　I would rather have the principal after me **than** Marv Hammerman. （1997）
「マーヴ・ハンマーマン**よりも**校長先生が私の後ろにいる**ほうがよい**」
　I have the principal after me.「校長が私の後ろにいる」と **I have** Marv Ham-

第 9 章　比　　較

merman **after me.**「マーヴ・ハンマーマンが私の後ろにいる」という 2 つ SV を比べて、前者のほうがよいと述べている文です。than 以下は太字部分が省略されています。

> **例題 144**
> I would rather have a lazy day today; I just want to bask in the sun, read my book, and watch my children enjoying themselves.
> (1967)

■語注■
bask in the sun「日向ぼっこする」/ watch my children enjoying ... は watch O Ving の知覚動詞の型（→ 演習 31）。/ enjoy *oneself*「楽しむ」

■解説■
I would rather have a lazy day「私はどちらかといえば怠惰な日を過ごしたい」は would rather V「どちらかといえば V したい」の型です。
■訳■
どちらかといえば、私は今日はのんびりとした日を過ごしたい。日なたぼっこをし、好きな本を読み、子どもたちが楽しんでいるのを見ていたいのだ。

would rather V に近い表現に would (just) as soon V があります。would rather V は「（～するよりむしろ）V のほうがよい」に対して、would just as soon V「（～するくらいなら）V したほうがまだまし」という含みがあります。
　Fred said, "If it was up to me, I'd just as soon turn around and go home." (1996)
　「『もしぼくが決めていいのなら、U ターンして家に戻ったほうがまだましだよ』とフレッドは言った」
　この would rather V (than V) と、次の A rather than B とは別の表現として整理する必要があります。

> **例題 145**
> Thus the primary life of memory is emotional rather than intel-

lectual and practical. (1974)

語注
thus「このように、だから」(→ 例題89) / life　この語は「生」と考えておいて、「生」→「生命」→「生活」→「人生」→ ... のように意味を展開していく。ここは primary life「主たる生命」から「本質」ということ。/ emotional「感情的な」/ intellectual「知的な」/ practical「実践的な」

解説
emotional rather than intellectual and practical「知的や実践的**というよりむしろ感情的だ**」は A rather than B「B というよりむしろ A」の型です。要するに、not B but A「B ではなくて A」ということです。

訳
このように、記憶の本質は知的でも実践的でもなく、むしろ情緒的なのだ。

rather than と「〜以外」を意味する other than 〜も明確に区別してください。
I have no friends **other than** my dog.
「私は愛犬以外に友だちがいない」

なお、other than のほかに「〜以外」の意味になる語に except、but、save があります。

than 〜 ではなく、to 〜が「〜より」の意味になる語は次の5つですが、2つは反対語なので、3セットで覚えましょう。

> (1) prefer A to B「B より A を好む」
> (2) superior [inferior] to ...
> 　　「... より優れている [劣っている] (→ 例題32)
> (3) senior [junior] to ...
> 　　「... より年長 [年少] で」

He preferred his buckboard to a car because it was light, went easily over heavy or rough roads. (1967)
「彼は自動車より自分の軽馬車のほうが好きだった。それは軽かったので、ぬかるんだ道や荒れた道を楽に走れたからだ」

第9章　比　　較

次に、「東京ドームの5倍の広さ」「国家予算の3倍の額」といった倍数表現について考えます。

> **例題 146**
> For an English speaker, Esperanto is reckoned to be 5 times as easy to learn as Spanish or French, 10 times as easy as Russian, and 20 times as easy as Arabic or Chinese.　　　　　(2005)

[語注]

Esperanto is reckoned to be . . . easy「エスペラントは . . . 簡単だと推測されている」　S be p.p. to V の型（→ 例題 106）。/ reckon「計算する、推測する」

[解説]

5 times as easy to learn as . . .「. . . の5倍身につけるのが簡単」、10 times as easy as . . .「. . . の10倍簡単」、20 times as easy as . . .「. . . の20倍簡単」と X times as 〜 as . . .「. . . の X 倍〜だ」が、A, B and C の型（→ 例題 96）で3つあります。

[訳]

英語話者にとって、エスペラント語は身につけるのがスペイン語やフランス語の5倍簡単であり、ロシア語の10倍簡単であり、アラビア語や中国語の20倍簡単だと推測されている。

最後に、最上級に関する重要事項を取り上げます。

> **例題 147**
> The sincerest persons are truthful at most in what they say, but they lie by their silences.　　　　　(1979)

[語注]

sincere「誠実な」/ truthful「本当の、正直な」/ at most「せいぜい、多くて」/ what they say「彼らが発言すること［内容］」（→ 例題 188）

第 34 講　比較の重要表現

解説

最上級が条件節と同じように働くことがあります。The sincerest persons are truthful . . . at most in ～ は「どんなに誠実な人で**も**せいぜい～においては正直だ」で、次の they は the sincerest persons のことだから、**they lie by their silences** は「**たとえ**彼ら**でも**沈黙によって嘘をつく」です。隠れた条件に気をつけましょう。

訳

この上なく誠実な人でも誠実なのはせいぜい自らが発言することにおいてであって、たとえそういった人であっても沈黙によって嘘をつくものだ。

・・

演習 77

　Law, in its true notion, is not so much the limitation as the direction of a free and intelligent man to his proper interest, and prescribes no farther than is for the general good of those under that law.
　　　　　　　　　　　　　　　　　　　　　　　　　(1950)

語注

John Rocke の *Two Treaties of Government*『市民政府（二）論』の一節。/ in its true notion「その真の意味で」/ the direction of ～ to ...「～を...へ方向づけること」/ prescribe「処方する、指示［規定］する」/ no farther than ～「～だけしかない」（→ 例題 139）/ good「善、利益」/ those ～「～の人々」（→ 例題 186）

演習 78

　You may be shocked by my suggestion that, in some very deep sense, language and some aspects of human problem solving are no more or less complex than the behaviors of other species.
　　　　　　　　　　　　　　　　　　　　　　　　　(2000)

語注

my suggestion that, ～, ...「～、...であるという私の提案」　名詞＋that

189

第9章　比　較

SV「SVという〈名詞〉」の同格の型（→ 例題184）。/ in some very deep sense「ある非常に深い意味で」

演習 79

A species may adapt itself to a slight change in climate and may flourish the more for it, but if the change is very great a whole series of species may become extinct and new ones take their place.

(1970)

[語注]

species「種」/ adapt *oneself* to ～「～に適応する」/ flourish「栄える、繁茂する」/ a whole series of ～「まるごと全部の～」　a series of ～「一連の～」に whole「全体の、まるごと」が加わった表現。/ extinct「絶滅した」/ take *one's* place「～にとって代わる」

演習 80

I know no more disagreeable trouble into which an author may plunge himself than of a quarrel with his critics, or any more useless labour than that of answering them. It is wise to presume, at any rate, that the reviewer has simply done his duty, and has spoken of the book according to the dictates of his conscience.

(1953)

[語注]

disagreeable trouble into which an author may plunge . . .「作家が . . . を突っこむかもしれない不愉快なトラブル」　名詞＋前置詞＋関係代名詞＋SV「SがVする〈名詞〉」の名詞修飾の型（→ 例題66）。もとは an author may plunge himself into . . . disagreeable trouble「作家が自身を . . . 不愉快なトラブルに突っこむかもしれない」。/ labour「労働、（何かを生み出す）骨折り」　アメリカのスペルは labor（→ 演習47）。/ that of answering . . .「. . . に答えるというそれ」　that は labour のこと（→ 例題185）。/ It is wise to presume . . .「. . . を推定することは賢明だ」　It は仮主語で真主語は to presume . . .（→ 例題16）。

第 34 講　比較の重要表現

/ at any rate「いずれにせよ」/ according to ~「~によれば」/ dictate「指示」通例複数形（具体化の働き）で用いる。/ conscience「良心」

演習 81

　Patriotism, however much it may be debased, is still patriotism; and although it might be exaggeration to contend that the more debated patriotism becomes, the more patriotic it is reputed to be, it is on the other hand certainly true that a pure and rational patriotism is generally condemned as a kind of treason.　　　(1954)

[語注]

patriotism「愛国主義」/ debased「下劣な」/ contend that SV「SVだと強く主張する」/ be reputed to V「Vだと称されている[評判だ]」/ on the other hand「他方」(→ 演習 64) / rational「合理的な」(→ 例題 200) / condemn「非難する」/ treason「謀反」

演習 82

　I sit frozen, hoping that the guard will not notice me and the blond hair sticking out of my rusari, or head scarf. I've seen guards pull passengers off buses before, and although it never seems to be anything serious—the passengers always return within five or ten minutes—I'd just as soon remain in my seat.　　　(2003)

[語注]

I sit frozen「私は固まったまま座っている」　SVCでCが過去分詞（＝形容詞）の型（→ 例題 85）。/ I sit ... , hoping　SV, Ving（現在分詞）の分詞構文（→ 例題 87）。/ notice ... the blond hair sticking「...ブロンドの髪が飛び出ているのに気づく」　notice O Ving「OがVしているのに気づく」の知覚動詞の型（→ 演習 50）。/ rusari, or head scarf　名詞, or 名詞の同格の型（→ 例題 57）/ 'v seen guards pull ...「衛兵が...を引くのを見た」　see O V「OがVするのを見る」の知覚動詞の型（→ 例題 50）/ within ~「~以内」

第9章 比　　較

演習 77 の解説

　not so much the limitation as the direction of . . .「. . . に対する制限というよりむしろ方向づけ」は not so much A as B「A というよりむしろ B」の型で、of . . . は the limitation と the direction を共通して修飾する。prescribes no farther than is for . . .「. . . のためである以上のものは規定しない」は、no farther than is . . . が「. . . であるより先には（～しない）」の意味で、than は「～よりも」の意味を表すと同時に is の主語になっている。例題 135 でも考えたように、than や as のあとにどんな型がきても驚かないことが大切である。

訳

　法はその真の意味においては、自由で聡明な人に対する制限というより、そういった人に対する本来の利益への手引きであり、その法の下にある人々の一般的な利益になることしか規定しないのである。

演習 78 の解説

　no more or less complex than . . .「（結局は）. . . と同じように複雑である」は、より複雑（more complex）、あるいはその逆だ（less complex）と思っているかもしれないが、（比べてもみれば、結局は）同じ」ということ。

訳

　言語と人類の問題解決のいくつかの面は、ある非常に深い意味で、動物行動に比べてもより複雑でもその逆でもなく実は同じであるという私の提案に、あなたは衝撃を受けるかもしれない。

演習 79 の解説

　flourish the more for it「それのためにいっそう繁茂する」は、the＋比較級＋for ～「～だから余計に . . .」の型。

訳

　気候の小さな変化に適応して、それゆえいっそう繁茂する種があるかもしれないが、もしその変化が非常に大きいと、種族がまるごと全滅して、新しい種がとって代わるかもしれない。

演習 80 の解説

　than of a quarrel with his critics「彼の批評家との争いというトラブルほど」は、than [as] の次は対称性を担保しつつ、文構造が乱れることを覚悟しておく姿勢（→ 例題 135）に基づき、that of a quarrel を than (the trouble) of a quarrelと考える。なお、no more ~ than . . . を金科玉条の公式のようにとらえるのではなく、「. . . よりも~のトラブルはない (no trouble)」と解釈する。more useless labour than that of . . . 「. . . という骨折りより無駄な骨折り」は、前の no が not と同じ役割をして、not . . . any≒no から no more useless のことになる。

▶訳

　作家が自分で起こすかもしれない面倒ごとで、自分を批評した評論家との口論という面倒ほど不愉快なものを私は知らないし、批評家の質問に答えるという骨折りより無益な骨折りを私は知らない。いずれにせよ、批評家はただ自分の義務を果たし、自分の良心の導きに従って本について語ったのだと思っておくのが賢明だ。

▎演習81の解説

　the more debated patriotism becomes, the more patriotic it is reputed to be「愛国心が下劣であればあるほど、それはますます愛国的だと評価される」は The＋比較級 . . . , the＋比較級 ~. 「. . . であればあるほど、そのぶんますます~だ」の型。patriotism becomes **debased** と it is reputed to be **patriotic** の太字部分の形容詞が比較級になって、the＋比較級の形で文頭に出た型。

▶訳

　愛国心はそれがどんなに下劣だとしても、それでもやはり愛国心である。たしかに、愛国心が下劣であればあるほど、それはより愛国的だと評価されるというのは言いすぎかもしれないが、他方で、純粋で合理的な愛国心は一般に一種の謀反として断罪されるのも間違いなく正しいのである。

▎演習82の解説

　I'd just as soon remain in my seat.「私は自分の座席についたままのほうがまだましだ」の would (just) as soon V₁ (as V₂) は「(V₂ するくらいなら) V₁ したほうがまだましだ」の意味。

▶訳

　私は固まったままで座り、私と、私のブロンドの髪がルサリという頭につけたスカーフから飛び出ているのに衛兵が気づかないようにと願う。以前、衛兵が乗客をバスから引き降ろすのを見たことがあったので、それは決して深刻なことには思えないものの、乗客はいつも5分から10分以内で戻ってくるので、自分の席に座ったままのほうがまだましだ。

第9章 比　　較

第9章のポイント

- [ ] than . . . や as . . . がない場合のキーワードは「これ」。　→ 例題 134 / 演習 76
- [ ] as や than のあとは対称関係を保ちつつ、倒置や省略が起こる「文法無法領域」になる。　→ 例題 135、例題 136
- [ ] 否定と比較が合わさる表現に注意。　→ 例題 137
- [ ] not more, not less と no more, no less は考え方が異なる。　→ 演習 76
- [ ] not so much . . . as . . . は定型表現として覚える。　→ 例題 138 / 演習 77
- [ ] no ＋比較級は「(比べてはみたが、結局は) 同じ」が根本の意味。　→ 例題 139、例題 140 / 演習 78
- [ ] the ＋比較級は 3 つの用法を押さえる。　→ 例題 141、例題 142 / 演習 79
- [ ] The ＋比較級 . . . , the ＋比較級 . . . の 2 つの the ＋比較級は文頭に位置する。　→ 例題 143 / 演習 81
- [ ] would rather . . . (than ～) と rather than ～は異なる表現で、rather than と other than は全く異なる表現である。また、would rather . . . と would just as soon . . . の意味の違いに注意。　→ 例題 144、例題 145 / 演習 82
- [ ] 倍数表現は型を押さえる。　→ 例題 146
- [ ] 最上級の表現に隠された意味を汲み取る。　→ 例題 147

第10章
進行形と完了形

> 英語の時制は現在と過去の2つだけです。この2つに進行形と完了形が組み合わされる形で文の意味を作り上げていきます。本章では、その進行形と完了形の本質に迫ります。動詞の現在形と過去形の本質は、第11章で考えます。

第35講　進行形

手始めに、過去進行形＋when＋過去形の型を見ましょう。

> **例題148**
> Rebecca's mother was standing outside at the bus station when the bus arrived.　　　　　　　　　　　　　　　(2007)

語注

outside ～「～の外（側）」（→ 例題33）

解説

was standing ... when the bus arrived「...に立っているとバスが到着した」は S₁ was [were] Ving when [and] S₂ Ved「S₁ が V していると S₂ が V した」の型です。過去進行形の「S が V していた」が何かが起こることを予想させ、その出来事を when S Ved で表す型で、when は「...でしていると」の「と」に当たります。

訳

レベッカの母親がバス停の外で立っていると、バスが到着した。

なお、be (just) about to V「まさに V しようとする」と be on the point of Ving「（まさに）V する」も when [and] S Ved があとに続くと、過去進行形と同じような働きをします。

第 10 章　進行形と完了形

I was on the point of giving in when she spoke again.（2000）
「私が屈服しようとすると、彼女が再び口を開いた」
S₁ was on the point of Ving when S₂ Ved「S₁ が V する間際に S₂ が V した」の型で、be on the point of giving の段階で次の when S Ved を予想します。

進行形には「やがてそのことが終わる」という含みがあります。そこから進行形と always が一緒に用いられると、「常に V ばかりしている」→「V するのは止めるべきだ」という、いらだちや非難の含みが生じます。

例題 149
She was always changing her mind about everything, minute to minute. 　　　　　　　　　　　　　　　　　　　　　（2001）

語注

change *one's* mind「考えを変える」/ minute to minute「刻々と」

解説

She was always changing her mind「（困ったことに）彼女はいつも考えを変えてばかりだった」は、進行形＋always の型でいらだちや非難の気持ちを表す型です。

訳

彼女はすべてのことに関して考えをころころと変えてばかりだった。

be going to V には、人がすでに決断している段階での「V するつもりである」と、状況から客観的に判断する「（この状況では）V することになる」の、大きく分ければ 2 つの意味があります。次の例題には両方が含まれています。

例題 150
My dad was upset—not the usual stuff that he and Mom and, I guess, a lot of parents worry about, like which college I'm going to go to, how far away it is from home, and how much it's going to cost. 　　　　　　　　　　　　　　　　　　　　　（2011）

第 35 講　進行形

語注

upset「心を乱して」/ stuff「もの、こと」「(外から見てよくわからない) もの[こと]」が基本の意味。よって不可算名詞で、具体化できる a thing [things] に対応する語。/ guess「推測する」

解説

which college I'm going to go to, . . . , and how much it's going to cost「私がどの大学にいく**つもり**なのか、. . .、(その状況では) いくら**かかることになる**のか」には 2 つの be going to V があります。前の I'm going to go は「V するつもりだ」の意味で、「私」は進学先をすでに決めています。あとの it's going to cost は「この**状況**では V することになる」で、子どもが 1 人暮らしをするという状況を踏まえて述べています。

訳

パパは悩んでいた。私のパパやママが、そして多くの親が悩むだろうと推測する、私がどの大学に行くつもりで、そこが家からどのくらい離れていて、その場合、いくらお金がかかることになるかといった、普通のことではない。

次に受動態の進行形を見てみましょう。

例題 151

I think the heroic model is being abandoned a bit too hastily.

(2001)

語注

abandon「捨てる」/ a bit「少し」/ too hastily「急ぎすぎて」

解説

is being abandoned「捨てられつつある」は be **being** p.p. という受動態の進行形です。be、being、p.p. の 3 つの語がこの順番で並び、being は不変なので、being が目印になります。

訳

私が思うに、英雄モデルが少しばかり拙速に捨てられつつある。

197

第 10 章　進行形と完了形

演習 83

　Rudolph was sitting at the little piano, trying to pick out the melody of "On a Clear Day," when he heard the bell ring and Mrs. Burton came out of the kitchen to answer it.　　　　　　　(1984)

語注

pick out「選ぶ」/ heard the bell ring「ベルが鳴るのを聞いた」　知覚動詞＋ＯＣのＣが原形動詞の型（→ 例題 50）。/ to answer it「それに応答するために［…てそれに応答した］」（→ 例題 112）　it は the bell のこと。

演習 84

　We were now only a few feet from each other, I was just about to break into a big, broad smile, when suddenly I recognized him. It was Anthony Quinn, the famous film star. Naturally, I had never met him in my life, nor did he.　　　　　　　　　　　　(2006)

語注

a few feet from ～「～から数フィートある［離れている］」/ break into a ～ smile「（突然）～な笑顔になる」/ a big, broad smile「満面の笑み」　不定冠詞＋形容詞₁＋形容詞₂＋名詞の名詞修飾の型（→ 例題 58）。/ recognize him「彼が誰か［彼の正体］がわかる」/ Anthony Quinn「アンソニー・クイン」　アメリカの俳優。/ nor did he「彼もまた…ない」（→ 例題 29）

演習 85

　Mum looked terrible, much thinner and smaller than I remembered her. She was really glad to have us home, but she was also impatient, and a bit tearful. "I don't know what you're going to do with yourselves," she said, when she came into my room to say goodnight. "It's going to be a pretty dull holiday for you, Katie, I

第35講　進行形

might as well warn you now ....."　　　　　　　　　　(1994)

語注

干ばつの中、母の住む家に帰省した際の描写。/ terrible「ひどい」/ much「はるか、断然」　much は比較を強める働き（→ 例題45）。/ thinner「より痩せている」　thin「痩せている」の比較級。/ impatient「イライラしている」/ do something with oneself「自分自身と一緒に何かをする」→「何かをして過ごす」 something が what になって主語の前に出た間接疑問文の型。/ pretty dull「かなり退屈で」　副詞の pretty。/ might as well V「V するほうがましだ、V しておいてもよい」（→ 例題159）/ warn「忠告する」

演習83の解説

　was sitting と（was）trying という2つの過去進行形で、次に過去形動詞（heard / came）の文を予想する。

訳

　ルドルフが小さなピアノに座って『ある晴れた日に』の旋律を弾こうとすると、ベルが鳴るのが聞こえて、バートンさんの奥さんが応答しようとキッチンから出てきた。

演習84の解説

　I was just about to break into ... , when suddenly I recognized him「私がちょうどまさに...の状態になるときに、突然、私は彼が誰かがわかった」は、I was just about to を見て、次に when S Ved を予想できたかどうかがポイント。

訳

　私たちのあいだにはもう数フィートしかなかった。満面の笑みになりかかるまさにその時、私は彼が何者か突然わかった。有名な映画スターのアンソニー・クインだったのだ。当然ながら、私は彼に生まれてから一度も会ったことがなく、彼もまたそうだった。

演習85の解説

　I don't know what you're going to do with yourselves「あなたが何をするつもりかはわからない」の be going to V は「V するつもりだ」、It's going to be a pretty dull holiday「かなり退屈な休日になる」の be going to V は

199

第 10 章　進行形と完了形

「(この状況では) V することになる」の状況を踏まえての表現。

訳

　母の顔色はひどく、私が記憶しているよりはるかに痩せて小さく見えた。私たちを家に迎えて母は本当に喜んだが、彼女はイライラもしていて、少し涙をためていた。おやすみを言いに私の部屋に入ると、母がこう言った。「あなたがどう過ごすつもりかわからなけど、とても退屈な休日になりそうよ、ケイティ。今のうちに注意してあげたほうがいいかもしれないと思って」

第36講　完了形の本質

　「これでロンドンを訪れたのは3回目だ」は This is the third time I have (ever) visited London. です。「訪れた」は過去形ではなく現在完了形にします。その行為が何度目なのかを判断するには、「**これまで訪れたうちで何度目か**」といったように、現在の立場から過去を振り返っています。**過去を振り返ること**（本書ではこれを「歴史的思考」と呼びます）が現在完了の本質です。

　This is the first class reunion **I've attended**.（2010）

　「これは私が出席**した**初めての同窓会だ」←「これは私がこれまで出席したうちで最初の同窓会だ」

例題 152

　We will never forget this day. You are the first American we have met. Welcome to the Islamic Republic of Iran. Go with Allah.

(2003)

語注

これはイラン人衛兵によるアメリカ人ジャーナリストへの語りかけ。/ Islamic Republic of Iran「イラン・イスラム共和国」

解説

　the first American we have met「我々が会った最初のアメリカ人」は the first ~ S have p.p.「S が...**した**最初の~」の型です。have p.p. は「~してきた（うちで）」の意味で、have p.p. が使われていることから、発話者が過去を振り返っていることをつかみます。

第 36 講　完了形の本質

[訳]
　私たちはこの日を決して忘れないだろう。あなたは私たちが会った最初のアメリカ人だ。イラン・イスラム共和国へようこそ。アラーとともにあれ。

例題 153
Science has so often been accused of having reduced the beauty and mystery of nature to something cold and mechanical.（1972）

[語注]
be accused of ～「～で非難される」　accuse A of B「A を B で非難する」の受動態。/ reduce A to B「A を B まで縮小する」/ something cold and mechanical「（何か）冷たく機械的なもの」　something ＋形容詞の後置修飾の型（→ 例題 52）。

[解説]
has so often been accused of ...「（歴史的に見て）... であまりに頻繁に非難されてきた」と having reduced ...「（歴史的に見て）... を縮小してきたこと」に have p.p. が含まれていて、筆者の歴史的思考が強く感じられます。

[訳]
　自然の美と神秘を冷たい機械的なものに矮小化してきたことで、科学はあまりにもしばしば非難されてきた。

　完了形の本質は「時間のズレ」です。現在完了に歴史的思考が感じられるのはこのためです。

例題 154
No one seems to have realized that the rich and poor could now travel, not in the same comfort, but at the same speed.　（1964）

[語注]
realize「実現する、（ああそうだったのか）とわかる [実感する]」/ the rich and poor「金持ちと貧乏人」　the ＋形容詞で「～の人々（全体）」（→ 例題 173）/ not

201

第 10 章　進行形と完了形

X but Y「X ではなく Y」(→ 演習 25) / comfort「快適さ」

[解説]
　No one seems to have realized ...「誰も ... を実感していなかったように思われる」は seem to have Ved「V したように思われる」の型です。seems「思われる」は現在、realized「実感した」は過去で、現在から（鉄道が登場した）過去を見るズレの意識を to have p.p. が表しています。

[訳]
　金持ちと貧乏人が、同じ快適さではないが、同じスピードで移動できるようになったことを、誰も実感していなかったように思われる。

　過去完了（had+p.p.）に関して覚えることは、(1)「**そのとき**までは V していた」と解釈すること、(2)「そのとき」を表す過去形の動詞を意識する、の 2 点だけです。このように、過去完了にも「そのとき」を意識させることで「物語の場」を設定する働きがあり、これは過去進行形と同じです（→ 演習 87）。

例題 155
　I had not been in the City twenty-four hours before I felt perfectly at home.　　　　　　　　　　　　　　　　　　　　　　　　（1978）

[語注]
the City「その都市」　ここでは Los Angeles「ロサンゼルス」のこと。/ feel at home「落ちついた気分になる、ほっとする」（→ 例題 121）

[解説]
　had not been in ... before I felt ...「... にいないうちに私は ... と感じた」は、had not p.p. before S Ved「S が V する前に〜していない」→「〜もしないうちに S が V した」の型です。

[訳]
　この都市に 24 時間もいないのに、私は完全に落ち着いた気分になった。

第36講　完了形の本質

> **演習 86**
> But while Tahitians are said to have occasionally stood on their boards, the art of surfing upright on long boards was certainly perfected, if not invented, in Hawaii.　　　　　　　　　　(2003)

語注

while SV「SV である一方［に対して］」(→ 例題 11) / ocassionally「たまに、時おり」/ upright「直立した」　前に being を補って解釈する(→ 例題 85)。/ if not invented「発明されたとは言わないまでも」　この if not ~ は「~とまでは言わないまでも」の意味(→ 例題 196)。

> **演習 87**
> He had crossed the main road one morning and was descending a short street when Kate Caldwell came out of a narrow side street in front of him and walked toward school, her schoolbag bumping at her hip.　　　　　　　　　　(1999)

語注

descend「下る」/ out of ~「~から」/ her schoolbag bumping at her hip「彼女のスクールバッグが腰のところでがたがた揺れながら」　意味上の主語 her schoolbag が付いた現在分詞の分詞構文。

演習 86 の解説

are said to have occasionally stood on ...「時おり...の上に立ったと言われている」は be said to V「V すると言われる」の to V が are said「(今)言われている」とズレる過去のことなので、to have p.p. になった型。

訳

しかし、タヒチ人が板の上に立つこともあったと言われている一方、長い板の上に立ってサーフィンをする技術は、ハワイで発明されたとまでは言わないまでも、間違いなくハワイで完成されたのだ。

203

第 10 章　進行形と完了形

演習 87 の解説

　had crossed ... and was descending ... when Kate Caldwell came out of ...「(その時までに) ... を渡ってしまってから ... を降りてくると、ケイト・コールドウェルが ... から出てきた」は had p.p. and was Ving₁ → when S Ved₂「～してしまってから V₁ していると、S が V₂ した」の型。例題 148 で見た過去進行形 → when S Ved「～していると S が V した」も加わった応用例で、物語の場を設定する過去完了と過去進行形の両方が用いられている。

訳

　ある朝、大通りを横切ってから短い通りを下っていると、ケート・コールドウェルが狭いわき道から目の前に現れて、スクールバッグが腰のところでがたがた揺れながら、学校に向かって歩いていった。

第10章のポイント

- [ ] 過去進行形 →（when）→ 過去形の流れで、物語の場を設定する。 → 例題 148 / 演習 83、演習 84
- [ ] 進行形の根底には「ストップへの意識」がある。 → 例題 149
- [ ] be going to V の意味は大別すると 2 つになる。 → 例題 150 / 演習 85
- [ ] 受動態の進行形 be being p.p. の識別ポイントは being。 → 例題 151
- [ ] 完了形から「歴史的思考」を読みとる。 → 例題 152、例題 153
- [ ] 完了形の本質は「時間のズレ」。 → 例題 154 / 演習 86
- [ ] 過去完了 had p.p. で覚えるべきことは 2 つだけ。 → 例題 155
- [ ] 過去進行形と同じで、過去完了の重要な役割は物語の場の設定である。 → 演習 87

第11章
助動詞と仮定法

> ここまでは文の型を中心に見てきました。ここからは文の意味に重点を移します。助動詞は、その名のとおり、動詞を助けるかのように動詞の前に置かれて、次に原形動詞が続くことを示して、ある種の意味をプラスします。意味のレベルで言えば、助動詞は文の調味料のようなものです。また、助動詞の過去形は動詞の過去形と並んで仮定法で中心的役割を果たします。したがって、仮定法理解のコツは、過去形の本質を現在形との対比で押さえることです。

第37講　助動詞

あまり強調されていませんが、助動詞には文を解釈する上で、たいへん有益な働きがあります。

例題 156
To pick up some friends, bring them to your house for dinner, take them back afterwards and get home again, might involve you in 100 to 150 miles of motoring in one evening. （1978）

▶語注
pick up「(車で)迎えに行く」/ afterwards「その後」/ involve「巻きこむ」（前のことに必然的に伴う）具体的内容を次に示す語。

▶解説
To pick up …, bring …, take … and get …, might involve you「…を迎えに行き、…を連れてきて、…を送り、…に戻ることは、あなたを巻きこむかもしれない」は To V_1, V_2, V_3 and V_4, V. の型で、主語になる4つの to V が並列されています。助動詞 might がこの長い主語が終わる目印になっています。

第 37 講　助動詞

訳

　何人か友だちを迎えに行って、夕食のために家まで連れてきて、そのあとで送って行って、また家に戻ることは、あなたに一晩で 100 から 150 マイルを運転させることになるかもしれない。

　このように、助動詞は S...V の V がどこから始まるかの目印になります。長い主語の場合は、とくに威力を発揮します。

　文で would や could や might などの助動詞の過去形が使われると、will や can や may などの現在形と解釈がどう変わるのかを考えます。

例題 157

A perfect lie-detection device would turn our lives upside down.
（2010）

語注

lie-detection「ウソ発見器」/ turn ～ upside down「～をひっくり返す、～をめちゃめちゃにする」

解説

　この would は「(もし...なら / たとえ...でも) ～だろう」の意味です。ただし、「もし...なら」「たとえ...でも」に当たる記述がありません。これは現実にはない「完璧なウソ発見器」の話なので、この名詞に「もし完璧なウソ発見器があるなら」という意味が含まれています。A perfect lie-detection device would...は、「**(もし、そんなものがあるのなら)** 完璧なウソ発見器は...**だろう**」という意味になります。

訳

　完璧なウソ発見器があれば、私たちの生活をめちゃめちゃにするだろう。

　次は could について考えます。次の例題 158 は「自分の子どもたちが、自分が読んでほしいと思う種類の本を読んでいない。それで、私はイライラしている」という状況で、they は著者の子どもたちのことです。

第 11 章　助動詞と仮定法

> **例題 158**
> What irritates me is my awareness of what they are not reading, and could be reading. （1977）

語注

What ～ is ...「～のこと［もの］は . . . である」（→ 例題 188）／ irritate「イライラさせる」／ awareness of ～「～に対する認識」

解説

　what they are not reading, and could be reading「彼らは読んでいないが（もし～なら）読めるだろうもの」は、2 つの V が and で並列されて what they could . . . とつながる型です。意味のレベルでは、are not reading と could be reading が対比されます。could be reading は「もし読もうとするなら読めている」ということなので、「子どもたちが今は読んでいないが、その気になれば読めているだろう本」ということになります。

訳

　私をイライラさせることは、子どもたちが今は読んでいないがその気になれば読めるものがあることに私が気づいていることだ。

　恐怖の場面で might が用いられることがあります。「（もし～なら）. . . かもしれない」がこの心情に合うからです。
　She was worried that she might have cancer, having read a lot about the disease in the newspaper, although the doctor in their hometown had told her she was all right.（1996）
　「ガンにかかっているかもしれないと彼女が心配していたのは、新聞でこの病気について数多くの記事を読んでいたためだった。もっとも、問題ないと町医者は彼女に言っていたのだが」
　be worried that S might V「S が V するかもしれないと心配している」の型です。

　might as well V「V するほうがましだ」は well＝naturally「当然に」を適応することで理解しやすくなります。

208

第 37 講　助動詞

例題 159

Facts which are not connected together in the mind are like unlinked pages on the Web: they might as well not exist.　（2011）

【語注】

Facts which are ... are「... である事実は」 S の中の関係節の型（→ 例題 70）で、述語動詞は 2 つめの are。/ are like unlinked pages「リンクのないページのようなものだ」 be like ～は「～のようなものだ」の意味。

【解説】

they might as well not exist「それらは存在しないほうがいい」は might as well not V「V しないほうがよい［ましだ］」の型です。「それら＝事実」は実際には存在しているのですから、「存在しない」というのはかなり大げさです。

【訳】

頭の中で関連づけられていない事実は、ウェブ上のリンクされていないページのようなものだ。それらは存在しないほうがいい。

このように might as well のあとには内容的にナンセンスなこと、大げさなことが続きます。助動詞の過去形は「遠いこと」→「現実離れしたこと」を表現できるからです。このことは、次の第 38 講の仮定法で詳しく考えます。

次の would の用法には注意が必要です。

例題 160

Forty years ago a small Thames boat-builder, working alone in his shed, would make a whole boat by himself.　（1954）

【語注】

Thames boat-builder「テムズ川の船大工」　名詞＋名詞で前の名詞が形容詞の働きをする（→ 例題 56）。/ shed「小屋」/ a whole boat「船一艘丸ごと」/ by oneself「自分一人で」

209

第 11 章　助動詞と仮定法

解説

Forty years ago a small Thames boat-builder, . . . , would make . . .「40年前、. . . 、テムズ川の小さな船大工は . . . を作ったものだった」は過去を表す副詞句＋S would V の型です。話の場が過去に設定されている場合、would が「当時はよく V したものだった」の意味になる可能性を考えてください。

訳

今から 40 年前、テムズ川の小規模船大工は、小屋の中で一人で仕事して、一人で船一艘全部を作ったものだった。

should「V するべき［はず］だ」はそのことが本来の流れであることを示します。そして、should は省略されることがある助動詞だということをまず頭に入れます。

例題 161

Equivocation occurs when words are used with more than one meaning, even though the soundness of the reasoning requires that the same use be kept throughout.　　　　　(1995)

語注

equivocation「言葉の曖昧な使用」/ more than one「1 より大きい」→「複数の」(→ 演習 53) / soundness「健全さ」/ reasoning「推論、論法」/ throughout「初めから終わりまで、終始」

解説

requires that the same use be kept「同じ使用が保たれることを求める」は require that SV で V が be 動詞の原形です。これは、S **should** be の should が省略されたからです。このように、that 節の should はしばしば省略されます。

訳

曖昧用法が生じるのは言葉が複数の意味で用いられるときである。たとえ論法の健全さからして同じ言葉の使用を保っておく必要があったとしてもである。

must は主観的、have to は客観的という視点に立てば両者の表現の本質が見えてきます。

第 37 講　助動詞

> **例題 162**
> They were in as much trouble as we were but they didn't have their grandfather's money to help them out, so Nigel had to leave at fifteen. (1994)

語注

in as much trouble as we were「私たちと同じくらい困っていた」　as ~ as ...「...と同じくらい~だ」の型（→ 例題 134）。/ help ~ out「~を助け出す」/ Nigel「ナイガル」　人名。

解説

　Nigel had to leave「ナイガルは去らねばならなかった」には had to V が含まれます。have to V「V せざるをえない」の過去形 had to V は「V せざるをえない状況だったので、実際に V した」ということで、前の but they ... out の部分がその状況の記述です。

訳

　私たちと同じように彼らも困っていたが、自分たちを窮地から救ってくれる彼らの祖父のお金がなかったために、ナイガルは 15 歳で出ていかなければならなかった。

　have to V を否定した do not have to V は「V せざるをえない状況ではない」→「V する必要はない」の意味です。それに対して、must を否定した must not V は「V してはならない」という禁止の意味になります。ここからも have to と must の違いがわかります。

　The misuse of discoveries and inventions must not be allowed to obscure their beneficent effects. (1941・理)
　「発見や発明の誤った使い方が、そのありがたい効果をよく見えなくしたままにしておくのは許されない」

　現在の立場から過去のことを推量する過去推量は、助動詞＋have p.p. で表します。would have p.p. となると、現在から過去を推量して「~しただろう」の意味です。should have p.p. は「(当然)~すべき[のはず]だった(けど違った)」です。

211

第 11 章　助動詞と仮定法

> **例題 163**
> You would have thought by now, after being his wife for so long, she should have started to call him John, but she never did.
> (2001)

語注

by now「現在までには」/ after being ...「... であったあとで」/ after being his wife for so long は SV₁ (that) SV₂ のあいだに挿入されたもの。

解説

助動詞＋have p.p. が 2 つあります。would have thought は「思っ**た**だろう」の意味、should have started は「始め**ていた**はずだった」の意味です。

訳

そんなに長いあいだ彼の妻をしているので、その頃までには彼をジョンと呼び始めていたはずだと思っただろうが、彼女は決してそうはしなかった。

なお、could have＋p.p. は「...だったことがありえる」です。
Could you have left them somewhere else, perhaps?（1976）
「ことによると、それをどこかに置き忘れた可能性はないのかい」
また、must have p.p. は「...だったにちがいない」です。
In that baby they were seeing something they must have assumed they would never see again.（1988）
「その赤ちゃんの中に、もう二度と見ることがないだろうと自分たちは思いこんでいたにちがいない何かを彼らは見ていたのだ」

まとめると、過去推量の表現法は次のようになります。意味の違いは、助動詞の意味から発生します。

```
would have p.p.「～だっただろう」
could have p.p.「～がありえただろう」
should have p.p.「～すべき [～するはず] だった」
might have p.p.「～だったかもしれない」
must have p.p.「～だったにちがいない」
```

第 37 講　助動詞

　It is X that ... の強調構文によって X の位置の語句を強調する表現法については第 7 講で考えました。ここでは助動詞で述語動詞を強調する表現法について考えます。

例題 164
　To a degree that happened. Robots did replace many bolt-turners, but the losses went only so far.　　　　　　　　　　　　　　（2014）

語注
to a degree「ある程度（まで）」/ that happened「それは起こった」 that は「ロボットが人間の仕事を大幅に奪うこと」。/ replace「とって代わる」/ bolt-turner「ボルトを締める人」/ loss「損失」 ここは「人間の労働の損失」のこと。/ go so far「そこまで行く」

解説
　Robots did replace ...「ロボットは**たしかに** ... にとって代わった」は S did＋原形動詞の型で、助動詞 did が述語動詞 place を強調しています。

訳
　それはある程度、起こった。ロボットはたしかに多くのボルトを締める労働者にとって代わったが、損失はそこまでだった。

　この型の強調表現は S did＋原形動詞「たしかに〜だった」と S do [does] ＋原形動詞「たしかに〜だ」です。

演習 88
　Parents lie sometimes in order to preserve their dignity. "Daddy, you could fight six men, couldn't you ?" It takes some courage to reply, "No, my son, with my weak muscles, I couldn't fight even one."　　　　　　　　　　　　　　　　　　　　　　　　　　（1987）

213

第 11 章　助動詞と仮定法

[語注]
lie「嘘をつく」/ preserve *one's* dignity「威厳を守る」/ take N to V「V するには N が必要である」/ muscle「筋肉」

演習 89
We do not have to look very far to find another example of the heroic model in action. The most recent is Aids researcher Edward Hooper, who denies that HIV was caused by a chimpanzee virus.
(2001)

[語注]
another「別の、もう 1 つの」/ heroic model「英雄モデル」(→ 例題 84) / in action「活動中の、現役の」/ Aids「エイズ」/ Edward Hooper「エドワード・ホッパー」　エイズを取材したイギリス人ライター。/ ..., who ...　固有名詞と関係詞のあいだにはカンマが必須 (→ 例題 71)。/ virus「ウイルス」

演習 90
Archaeologists now think that agriculture might not have begun just by accident. Instead, it might have begun because early humans did some scientific research.
(1997)

[語注]
archaeologist「考古学者」/ just by accident「全く偶然に」/ instead「そうではなく、その代わりに」/ did some ... research「何らかの ... 研究をした」

[演習 88 の解説]
you could fight six men「6 人の男とも戦うことができるだろう」は、目的語の中に「もし 6 人を相手に戦ったとしても」という仮定の意味を could から読みとることで、この親子の対話のおかしさが味わえる。

[訳]
親は自らの威厳を守るために嘘をつくことがある。「パパなら 6 人の男が相手でも戦えるよね」「いや、戦えないと思う。パパの弱々しい筋肉では、相手が 1 人

でも戦えないよ」と返答するには少しばかり勇気がいる。

演習 89 の解説
do not have to look ...「... に目をやる必要はない」は have to V「V せざるをえない状況にある」⇔ not have to V「V せざるをえない状況にはない」の関係から考える（→ 例題 162）。

訳
生きた英雄モデルの別の例を見つけるのに、それほどさかのぼる必要はない。ごく最近の例がエイズを調査したエドワード・ホッパーで、彼は HIV がチンパンジーのウイルスで起こることを否定している。

演習 90 の解説
agriculture might not have begun ...「農業は ... 始まったのではないかもしれない」は might have p.p. の否定形。考古学者が現在の立場から過去のことを推し量るという、過去推量の表現法適用の典型例。

訳
考古学者は、農業は全く偶然に始まったのではないかもしれないと今では考えている。そうではなく、農業が始まったのは、太古の人類が何らかの科学的研究をしたからかもしれない。

第 38 講　仮定法

　仮定法とは現実ではないことや現実に実現しなかったことを述べる表現法です。仮定法で用いられる動詞と助動詞の過去形は「遠いこと」を表現します。現実から遠い「現実離れ」が仮定法の本質です。そもそも、現在形が近いこと（現実）の表現であるのに対して、過去形は遠いことの表現で、①（過去の時を示す表現とともに用いて）過去の事実、② 仮定の表現、③（相手と距離をとった）丁寧表現、という根本を忘れないようにしましょう。

　まず、現実ではないことの場合を見てみましょう。

例題 165
　If frequency were used, our ABC's would instead be our ETA's, and the alphabet would look like this:

第 11 章　助動詞と仮定法

Etaonrishdlfcmugypwbvkxjqz　　　　　　　　　　　　　　（1987）

語注

frequency「頻度」/ instead「その代わりに、そうではなく」（→ 演習 90）/ this「次に述べること」

解説

our ABC's would . . . and the alphabet would . . .「現在の ABC は . . . で、アルファベットは . . . となるだろう」のポイントは would です。if 節の述語動詞 were は過去形、主節の 2 つの助動詞 would も過去形です。現実にはアルファベットは ABCD . . . の順番ですから、これは現実ではない、仮定の話です。

訳

もし頻度が用いられるなら、現在の ABC's に代わって ETA's となり、アルファベットは次のようになるだろう。Etaonrishdlfcmugypwbvkxjqz

次に、過去に実現しなかったことを「もし . . . だったら」と仮定する表現法を見ましょう。

例題 166

If either my toothbrush or razor had been mounted on a base, it might well have qualified as a sculpture.　　　　（2001）

語注

either A or B「A または B」/ toothbrush「歯ブラシ」/ razor「ひげそり」/ mount「据える、登る」（→ 例題 67）/ base「台座」/ might well V「V するのは当然だろう」　この well は well = naturally「当然に」（→ 例題 159）。/ qualify as 〜「という資格を与える」/ sculpture「彫刻」

解説

If . . . had been mounted . . .「もし . . . が据えられていれば」は If S had p.p.「もし S が〜していれば」の型で、過去に実現しなかったことの仮定です。なお、might have p.p.「. . . だったかもしれない」は、now「今ごろ」、still「やはりまだ」のように、現在を示す表現があれば、might ＋原形動詞「（今ごろ）. . .

216

かもしれない」を用います。
訳
もしも私の歯ブラシや髭剃りが台座に据えられていれば、彫刻作品の資格が当然あったかもしれない。

「万が一 ... なら」を意味する2つの表現法を考えます。

例題 167
What would turn the disaster into a catastrophe would be if the heavy metals in the waste were to penetrate the aquifer under the park. (1999)

語注
disaster「災害」/ catastrophe「大災害」/ waste「廃棄物」/ penetrate「浸透する」/ aquifer「帯水層」

解説
If the heavy metals ... were to penetrate ...「万が一 ... の重金属が ... に浸透したら」は、If S were to V「万が一 ... なら」の型です。
訳
万が一、廃棄物中の重金属が公園の地下にある帯水層に入りこんだら、災害が大惨事に変わることになるだろう。

「万が一 ... なら」は、If S were to V と If S should V の2つの型があります。なお、この表現法と if S am [are/is] to V ≒ if S **want** to V (→ 例題 111) とは全く異なる表現法なので注意しましょう。
次に I wish SV. の型を見ましょう。

例題 168
My wife only reads the ads, but I like to read about what's happening. There's always something new. I wish I could get away from the farm. (1973)

217

第 11 章　助動詞と仮定法

【語注】
ad「広告」/ get away from ～「～から出て行く」

【解説】
I wish I could ...「... できればいいのに（と私は思う）」は I wish S＋**過去形**の型です。I wish のあとに文が続く場合には、必ず動詞か助動詞の過去形が必要です。現在形の文が続くことはありえません。

【訳】
妻は広告しか読まないが、私は今起こっていることを読みたい。新しいことは常にある。農場から出ていければなあと私は思う。

I wish のあとに続くのは非現実な願望なので、現在形ではなく過去形（＝遠いことの表現）を用います。過去のことに対する願望を述べる場合は I wish S had p.p. になります。

His wife sighted. "I wish I'd never come to live up here in the mountains!" she said bitterly.（1967）

「彼の妻はため息をついた。『こんな山の上に来て絶対に住むんじゃなかったわ』と彼女は苦々しく言った」

演習 91

If a spaceship were restricted to flying just under the speed of light, it might seem to the crew that the round trip to the center of the galaxy took only a few years, but 80,000 years would have passed on Earth before the spaceship's return. (2010)

【語注】
spaceship「宇宙船」/ be restricted to ～「～に制限されている」/ it might seem ... that ... の it は仮主語で、真主語は that ...（→ 例題 16）。/ crew「乗組員」/ round trip「往復旅行」/ galaxy「銀河系」

第 38 講　仮定法

> **演習 92**
> She went to the window and looked out. "I used to love the night sky," she said. "I thought it was one of the most beautiful things about the outback. But I'm sick of those stars. I wish they'd disappear."　　　　　　　　　　　　　　　　　　　　　　　　（1994）

【語注】
used to love ...「かつては ... を愛していた」　used to V「かつてはVしていた（が今は違う）」（→ 例題 38）/ the outback「（オーストラリアの）奥地」/ be sick of 〜「〜にうんざりしている」

> **演習 93**
> Nothing can be gained by combating the reviewer's opinion. If the book which he has disparaged be good, his judgment will be condemned by the praise of others; if bad, his judgment will be confirmed by others.　　　　　　　　　　　　　　　　　　（1953）

【語注】
gain「手に入れる」（→ 演習 44）/ combat「戦う」/ disparage「けなす」/ condemn「強く非難する」（→ 演習 81）/ if bad「もし（その本が）悪ければ」if のあとの S（＝ the book）と be 動詞が省略されている（→ 例題 116）。/ confirm「（正しさを）確かめる」

【演習 91 の解説】
If a spaceship were restricted to ...「もし宇宙船が ... に制限されたら」は、現実ではない仮定を are の過去形 were で表す。なお、80,000 years would have passed「地球では 8 万年が経過してしまっているだろう」は、文脈から would have p.p. が「〜しただろう」（→ 例題 163）ではなく、「〜してしまっているだろう」の意味だと見抜く。

【訳】
もしも宇宙船が光速以下で飛行するように制限されたら、銀河系の中心への往復の旅は数年しかかからないように乗組員には思われるかもしれないが、宇宙船

第 11 章　助動詞と仮定法

が帰還したときには 8 万年が過ぎてしまっているだろう。

▎演習 92 の解説▎

　I wish they'd disappear.「それらが消えてしまえばいいのになあ」の they'd disappear は they would の縮約形で、実現していないことに対する願望を表している。

▎訳▎

　彼女は窓のところへ行って外を見た。「昔は夜空が大好きだったわ」と彼女は言った。「この奥地で夜空は最大級に美しいものだと思っていたわ。でも、あの星にはもううんざりなの。消えてしまえばいいのに」

▎演習 93 の解説▎

　If the book which . . . be good「. . . の本が万が一良ければ」は If SV の V が be 動詞の原形になっている。助動詞の中で省略できるのは should だけなのだから (→ 例題 161)、If S should V「万が一 S が V するなら」の should の省略だと見抜く。

▎訳▎

　書評家の意見と戦うことによって得られるものは何もない。万が一、書評家がけなした本がすばらしいものであれば、彼の判断はほかの人の賞賛によって強く非難されるだろう。もし内容が悪ければ、彼の判断はほかの人によって正しさが確認されることになるだろう。

第 11 章のポイント

- □ 助動詞には述語動詞の位置を示すという重要な役割がある。 → 例題 156
- □ would には「もし...なら」「たとえ...でも」の意味が含まれることがある。 → 例題 157
- □ could には「もし...なら」「たとえ...でも」の意味が含まれることがある。 → 例題 158 / 演習 88
- □ might as well のあとは「ナンセンス [大げさ] な内容」。 → 例題 159
- □ would には意識しておくべき要注意用法がある。 → 例題 160
- □ 省略される可能性がある助動詞が 1 つある。 → 例題 161
- □ have to V は客観的、must V は主観的。 → 例題 162 / 演習 89
- □ 過去推量の表現法は、助動詞＋have p.p. のみである。 → 例題 163 / 演習 90
- □ 主語＋do［does/did］＋原形動詞は強調。 → 例題 164
- □ 仮定法の根底には、現在形（＝近い：現実）⇔ 過去形（＝遠い：現実離れ）の関係がある。 → 例題 165
- □ 「(過去において) もし...だったら」の表現法は 1 つ。 → 例題 166
- □ 「(この先) 万が一...なら」の表現法は 2 つ。 → 例題 167 / 演習 91、演習 93
- □ I wish のあとに現在形の文が続くことはない。 → 例題 168 / 演習 92

第12章
正しい解釈のための重要語

> 文の最小単位は単語です。文の意味は単語の組み合わせで形成されます。最終章となる本章では、解釈のポイントとなる語句を取り上げてくわしく解説します。本章で取り上げる単語はすべて解釈の最重要単語です。

第39講　a と the と one

不定冠詞 a は文の意味を作り出すのに大きな役割を果たしています。不定冠詞 a と定冠詞 the をセットにして、解釈の実践的な観点から見ていきます。

否定の項目で a few [a little] と few [little] では、不定冠詞 a の有無で意味が逆になることはすでに考えました（→ 例題 124, 125）。ここでは、不定冠詞と定冠詞で意味が異なるケースを考えます。

the number of 〜は「〜の数」という意味です。
At the moment, the number of birds in the park is rather small.（1999）
「現在のところ、公園の小鳥の**数**はかなり少ない」

例題 169

The decision caused a number of factories to move to the neighbouring state of Haryana.　　　　　　　　　　　　　（2007）

【語注】
S cause O to V「S が原因で O が V する」（→ 例題 40）/ neighbuoring「隣の、近所の」/ Haryana「ハリヤナ」　インド北部の州。

【解説】
a number of factories の不定冠詞 a に注目します。**a** number of 〜は「ひ

とまとまりの数の〜」→「いくらかの〜、たくさんの〜」の意味になります、
訳
その決定が原因で、いくつかの工場がハリヤナ近隣の州へ引っ越した。

「レストハウス (rest house)」を知っている人は、rest に「休憩」という意味があることは予想できるでしょう。take a rest「一休み [休憩] する」のように、この意味では不定冠詞を用います。ただ、restの意味はそれだけではありません。

例題 170
The rapid material progress which began in England last century is being communicated to the rest of the world.　　　(1926)

語注
The ... progress which ... is　主語を修飾する関係詞の型で、述語動詞は is (→ 例題 70)。/ is being communicated　be being p.p.「まさに今 ... されている」は受動態の進行形 (→ 例題 151)。

解説
the rest of the world の rest の前の定冠詞 the に注目します。「世界の休憩」ではなく「(イギリス以外の) 世界の残り」→「(イギリス以外の) 世界のほかの国」の意味です。

訳
前世紀にイギリスにおいて始まった急速な物的進歩は、世界のほかの国へ伝達されつつある。

冠詞は名詞の先頭になる語です。a＋副詞＋形容詞＋名詞の型では、a は名詞句が始まる目印になっています。
The Donana is an exceptionally important place for wildlife. (1999)
「ドニャーナは野生生物にとって際だって重要な場所だ」
不定冠詞 (a) ＋副詞 (exceptionally) ＋形容詞 (important) ＋名詞 (place) の型です。

例題 171

This is the least you can do to help yourself.　　　　（1983）

語注

help *oneself*「自分で食べ物を取って食べる」→「自立する」

解説

the least you can do「あなたができる最小のこと」は名詞＋SV の関係代名詞の省略の型です（→ 演習 43）。この型を見抜くためには定冠詞 the が重要な目印になります。the によって least が名詞であることがわかり、the least で「最も少ない**こと**」となります。

訳

自立するために、これはあなたができる最低限のことだ。

another は **an**＋other なので、冠詞に準じた形で another が名詞句の先頭になる場合もあります。

Some of the greatest advances in science have come about because some clever person saw a connection between a subject that was already understood, and another still mysterious subject. (2005)

「科学における最も優れた進歩の中には、すでに理解されているテーマと、いまだに謎が残るテーマとのあいだの関連が、ある利口な人間には見えたことが原因で起こったものがある」

another＋副詞（still）＋形容詞（mysterious）＋名詞（subject）の型です。another が an＋other であることから、another が冠詞に準ずると考えます。

おとぎ話のセリフ「鏡よ、鏡よ、鏡さん」は Mirror, mirror, mirror on the wall. と無冠詞です。この場合の mirror は呼びかけなので、冠詞は用いません。呼びかけは名前＝固有名詞で、固有名詞は無冠詞が原則です。

例題 172

When I was eleven, I took violin lessons once a week from a Miss Katie McIntyre.　　　　（2013）

第 39 講　a と the と one

[語注]
Katie McIntyre「ケイティ・マッキンタイア」 人名。/ once a week「1 週間に 1 度」

[解説]
a Miss Katie McIntyre「ミス・ケイティ・マッキンタイアとかいう人」は a ＋人名（＝固有名詞）の型で「～のような人、～とかいう人」です。これは不定冠詞 a の役割の 1 つで、**次の名詞が複数存在することを暗示する**ことに拠ります。

[訳]
11 歳のころ、私はミス・ケイティ・マッキンタイアとかいう女の先生に週に 1 回ヴァイオリンのレッスンを受けていた。

定冠詞 the は名詞の前に置くので、the ＋形容詞の型では the は形容詞を名詞化して、「〈形容詞〉な人」の意味になります。

> **例題 173**
> The past is the past, and the dead may be safely left to bury their dead.　　　　　　　　　　　　　　　　　　　　　　　　　　　(1984)

[語注]
safely「差し支えなく」/ be left ... dead「彼らの死者を葬らせたままにされている」 leave O C が受身になった型。聖書の文言を踏まえて、ここでは「過去のことを掘り起こさない」ということ。

[解説]
the dead「死者」は the ＋形容詞（dead）の型です。「死んでいる[あの世にいる]者」で「死者」となります。

[訳]
過去は過去であって、現代人が過去をわざわざ掘り起こさなくてもよいのかもしれない。

a book と one book はどちらも「1 冊の本」の意味として正しい英語です。ただし、one は a とは違って、単独で代名詞としても使え、原則として、代名詞

225

第 12 章　正しい解釈のための重要語

one は a ＋名詞で言い換えられます。この one は「こと」ではなく「もの」と解釈します。

> **例題 174**
> The place of the fine arts in university education is one which in this country has been almost entirely ignored. （1940・文）

語注

fine art「美術、美術品」/ this country「この国」　イギリスのこと。

解説

The place of ... is **one** ...「...の場所は...の**もの**（＝場所）だ」の one は a place と言い換えられます。

訳

大学教育における美術の場は、この国ではほぼ完全に無視されてきたものである。

なお、複数名詞を受ける場合は ones となります。

And, equally significant, the gap in life expectancy between the more developed regions and the less developed **ones** fell from 26 years in 1950–55 to 12 years in 1990–95. (2000)

「それに、同じように意義があることとして、比較的先進的な地域と、比較的そうでない地域とのあいだの余命の格差が、1950 年から 1955 年の 26 歳から、1990 年から 1995 年の 12 歳にまで縮小したことだ」

この文の one**s** は region**s** のことです。

次に、主語の one について考えます。

> **例題 175**
> Many of the feelings sanctified by it are wholly brutish, and one can think of many modern instances of Dr. Johnson's famous saying that patriotism is the last refuge of a scoundrel. （1954）

第 39 講　a と the と one

[語注]

feelings「気持ち、感情」 この意味では複数形。/ sanctified by it「それによって神聖化された」 sanctify「神聖化［正当化］する」 it は patriotism「愛国心」のこと。/ brutish「野蛮な」/ Dr. Johnson「ジョンソン博士」（→ 演習 47）/ saying that SV「SV ということわざ」 同格の that（→ 例題 184）。/ patriotism「愛国主義」（→ 演習 81）/ refuge「避難所」/ scoundrel「悪党」

[解説]

one can think of ....「人は ... を思いつくことができる」は、主語の one が一般的な「人」を表すケースです。「人」だとうまくいかない場合は、「自分は ...」とするか、主語の表記は日本語では必須ではないことも考慮します。

[訳]

愛国心によって正当化される感情の多くは全く野蛮であり、愛国心は悪党の最後の拠り所であるというジョンソン博士の言葉の現代における多くの例を思い出すことができる。

なお、「人（一般）」を表す場合は you を用いるのを原則としますが（→ 例題 41）、you に対する解釈手順なども one と同じです。

◆◆◆◆◆◆◆◆◆◆◆◆◆◆◆◆◆◆◆◆◆◆◆◆◆◆◆◆◆◆◆◆◆◆◆◆◆

演習 94

　Whether he is a Moses breaking a way for his people out of the houses of bondage, as he has persuaded Italians to believe, or a trouble-maker at large in the Mediterranean' as the British insist, there is no denying that he has the mass of his people behind him.

（1936・法）

[語注]

Whether A or B「たとえ A であれ B であれ」（→ 例題 195）/ Moses「モーゼ」/ bondage「拘束」/ persuade ～ to V「～を説得して V させる」/ the Mediterranean「地中海」/ trouble-maker「問題人物」/ at large「捕らわれていない」→「一般に」/ There is no Ving「V するのは不可能だ」（→ 例題 26）/ behind ～「～の背後に」（→ 演習 52）

227

第12章 正しい解釈のための重要語

演習 95

We generally give more weight to moral judgments than to judgments about how people look, or at least most of us do most of the time. So when confronted by a person one has a low moral opinion of, perhaps the best that one can say is that he or she *looks* nice—and one is likely to add that this is only a surface impression.

(2008)

語注

give weight to ~「~に重きを置く」/ at least「少なくとも~、~以上」(→ 例題 5) / when confronted by a person「人に直面すると」 when **one is** confronted ... の S と be 動詞の省略 (→ 例題 116)。/ a person one has ... of 名詞＋SV の型で、関係代名詞の省略 (→ 演習 43)。/ have a ~ opinion of ...「...に対して~の評価をしている」/ the best that one can say is ...「人が言える最高のことは...だ」→「言えるのはせいぜい...くらいだ」/ be likely to V「V する可能性がある」「(この状況では必然的に) ~になってしまう」ということ。

演習 94 の解説

a Moses breaking a way ...「...の道を開くモーゼのような人」の **a Moses** は「モーゼのような人物」→「モーゼの再来」のこと。

訳

彼がイタリア人を説き伏せて信じこませてきたように、彼が自らの民を拘束の館から救出する道を開いたモーゼの再来であれ、イギリス人が主張するように、彼が地中海で野放しになっている問題人物であれ、彼の背後に多数の民衆がいることは否定できない。

演習 95 の解説

3 つの **one** はそれぞれ SV の主語になっており、すべて「人」の意味。**person**「人」という単語も登場しているが、これは本来「面、顔」という意味で、one より具体的になる。また、ここでは一般的に複数の「人」に使う **people** も登場している。

訳

　私たちは一般的に見た目の判断よりも倫理的な判断に重きを置いている、あるいは、ほとんどの場合、少なくともそうする人がほとんどだ。だから、人が倫理的に低い評価をしている人物に出くわすと、ぜいぜい言えるのは、その人は外見は良いということくらいだ。それは表面的な印象に過ぎない、と付言してしまうことになる。

第40講　some / any と -ever

　some は any とセットで取り上げるのが一般的ですが、まず some と any の本質を知りましょう。some は「何**か**（がある）」です。その「何か」が何であるのかは発話者にはわかっていますが、それをあえてぼかすのが some です。他方、any は「何で**も**」で、発話者にはそれが何かはわかっていません。

> **例題 176**
> I'll get a job. I'll have to sometime, you know. I'll write to the appointments board. 　　　　　　　　　　(1984)

語注

I'll have to は I'll have to **get a job** の太字部分の省略（→ 例題119）。/ appointments board「求人ボード」

解説

　I'll have to sometime「いつか私はそうしなくてはならないだろう」で sometime と sometime**s**「時々、こともある」を混同しないようにしましょう。複数の -s や三単現の -s をはじめ、英単語は語尾がポイントになるので、慣れるまでは意識して語尾に注目しましょう。

訳

　私、仕事に就くわ。いつかはそうしなくちゃならないもの。求人ボードに出しておくわ。

　ひらがなで表せば、some =「か」、any =「も」です。なお、some を解釈するのに便利な言葉は「一部（の）」、any は「任意の」です。

229

Oh good gracious! Look at the time. Nothing ready and they'll be home any minute. (1979)

「あらまあ。もうこんな時間なのね。何も準備ができていないし、彼ら（＝夫と子どもたち）はいつ帰ってきてもおかしくないわ」

sometime「いつか」で、any time「いつでも」です。Some boys ... なら「一部の少年は ...」→「... の少年もいる」となります。

例題 177

Anyone who had passed the time of day with him and his dog refused to share a bench with them again. （1988）

語注

Anyone who ... refused　主語を修飾する関係詞の型で、述語動詞は refused（→ 例題 70）。/ pass the time of day with 〜「〜とちょっと言葉を交わす」/ refuse to V「V しようとしない」（→ 演習 15）/ share a bench with them「ベンチを彼らと共有する」　share A with B「A を B と共有する」

解説

Anyone who ...「... する人なら誰でも」は、anyone が「任意の人」なので、anyone who V で「V する人は誰でも」の意味です。「も」に注目して理解しましょう。

訳

愛犬と一緒の彼に関わったことがある人なら誰でも、同じベンチに二度とは座ろうとしなかった。

---

if any と if anything は、if **there is** any [anything] の太字部分が省略された表現です。

The guard climbs out of the bus and I relax, wondering what, if anything, he is looking for. (2003)

「衛兵がバスから（腰をかがめて）降りて私はほっとするが、もし何か（探しているものが）あるのだとしたら、彼は何を探しているのだろう」

次は否定語と any の関連を考えます。

第 40 講　some / any と -ever

> **例題 178**
> You see, Mary, I've never yet done anything that gave me any satisfaction.　　　　　　　　　　　　　　　　　　　　　　　(1975)

語注

yet「(否定文で) 今のところは、まだ」/ give ～ satisfaction「～に満足を与える」　give O₁ O₂「O₁ に O₂ を与える」の型 (→ 例題 79)。/ anything that gave の that は名詞＋that V の型で、that は関係代名詞 (→ 例題 181)。

解説

I've never yet done anything that . . .「. . . のようなことを今まで**全く**やったことが**ない**」は、否定語 never と anything で「全く . . . ない」となります。

訳

あのね、メアリー、ボクは自分が少しでも満足できることを今まで全く何もやったことがないんだ。

なお、not や never だけでなく、否定の意味を内包する without と any が一緒になった without using any kind of marker「どんな種類のマーカーも全く使わずに」(→ 例題 11) なども同じように考えます。

次に、-ever の形になる疑問詞・関係詞を整理します。any と関連させると理解しやすくなります。

> **例題 179**
> To whatever she said, he answered nervously, 'Yes, but . . .'
> 　　　　　　　　　　　　　　　　　　　　　　　(1991)

語注

nervously「神経質に、いらいらして」

解説

To whatever she said「彼女が言ったどんなことに対しても」で、-ever が

any の意味です。whatever は anything that という名詞＋関係代名詞の形にして考えることができます。したがって、To whatever she said は To **anything that** she said とできます。

訳

彼女が言ったどんなことに対しても、彼は緊張して「うん。でも...」と言った。

whatever＋名詞の型では、whatever は関係形容詞（→ 例題190）になります。
The criticism of modern life applies throughout, in whatever sense you construe the meaning of community.（1940・経済）
「共同体の（本質的な）意味をたとえどんな（文脈的な）意味で解釈しても、現代生活に対する批判は共同体の至るところに当てはまる」
whatever＋名詞「たとえどんな〈名詞〉でも」の型です。

演習96

Whatever history may be for the scientific historian, for the educator it must be an indirect sociology—a study of society which reveals its process of becoming and its modes of organization.

（1984）

語注

historian「歴史家」（→ 例題82）/ sociology「社会学」（→ 例題130）/ reveal「明らかにする」/ becoming「生成」/ mode「方法」

演習97

The future of writing must depend absolutely on the future of society. But probably, whatever social system is coming, literature will be considered more and more as being ultimately—as all thought should be—a guide to living. （1943・文）

第 40 講　some / any と -ever

語注

depend on ~「~による、~次第である」(→ 例題 70) / absolutely「絶対的に」/ will be considered ... as being ... a guide to living「... 生きることの手引き書だと ... みなされるだろう」 will consider A (to be) B「A を B だとみなすだろう」が受動態になったことで as が付加され、A will be considered as being B の型になったもの。/ ultimately「究極的に」

演習 98

Society does not seem to appreciate my efforts nor can I get any pleasure from working on these monstrous structures we call office buildings and homes. My job could quite easily be done by machines and often is by concreting techniques. For a good many years now I have sold my skill, if it can still be called that, to whoever pays highest.　　　　　　　　　　　　　　　　(1976)

語注

レンガ職人の手記の一節。/ appreciate「真価 [心] がわかる」(→ 例題 127) / nor can I get any pleasure from ...「私もまた ... からいかなる楽しみも得られない」 nor V S「S もまた V しない」の型で (→ 例題 29)、V の代わりに助動詞が倒置されている。/ work on ~「~に取り組む」/ these ... structures we call office buildings and homes「私たちがオフィスビルや住宅と呼ぶこういった ... 構造物」 名詞＋SV の関係代名詞が省略された名詞修飾の型 (→ 例題 64)。/ often is by concreting techniques「コンクリート技術によって行われることが多い」 and **my job** is ofen **done** by ... の省略。/ a good many ~「かなり多くの~」

演習 96 の解説

Whatever history may be for ...「... にとって歴史がたとえ何であろうと」は whatever S may be「たとえ S が何であれ」の型。

訳

科学的歴史学者にとって歴史が何であれ、歴史は教育者にとっては間接的社会学、つまり、それが生成する過程と組織化する方法を明らかにする社会に対する研究でなければならない。

演習 97 の解説

whatever social system is coming「たとえどんな社会システムがこようとも」は、whatever＋名詞 (social system)＋V「たとえどんな〈名詞〉がVしても」の型。

訳

文筆の将来は社会の将来に絶対的に左右されるにちがいない。だが、どんな社会制度が訪れても、思想がすべからくそうあるべきであるように、文学はおそらく究極的には生きることの手引き書であるとますますみなされていくだろう。

演習 98 の解説

I have sold my skill ... to **whoever pays** highest「最も多く支払う人であれば誰にでも ... 自分の技を売ってきた」は、太字部分を **anyone** who pays と言い換えると、「支払う**任意の人**」→「払う人であれば誰でも」となる。

訳

社会は私の努力の真価がわからないように思われるし、また私もオフィスビルや住宅と呼ばれるこういった巨大建築物に取り組むことから快楽を全く得られない。私の仕事は機械ならいとも簡単にできるだろうし、現にコンクリート技術がしばしばやっている。もうかなり長い年月、私はお金をいちばん払ってくれる人であれば誰にでも自分の技を、今でもそう呼べればだが、売ってきたのだ。

第 41 講　that

that は中学英語の最初に出てくるために簡単な単語だと思われがちですが、多様な働きをするために、実際は that は英文解釈における大きなハードルになっています。すべての that を理解する有効な方法は、that＝「あれ」ではなく、that＝「それ」と考えることです。たとえば、「すなわち」の意味の that is to say (とこれを元にした that is) は、that＝「それ」と解釈することで、「それは ... ということだ」を意味しているのだと理解できます (→ 演習 3)。

本講では、まず、今までに何度も登場した**名詞**＋that V の型を見ます (→ 例題 18)。この that は関係代名詞です。

例題 180

Some people will find the hand of God behind everything that

第 41 講　that

happens.　　　　　　　　　　　　　　　　　　　　　（2003）

語注

behind ~「~の背後に」（→ 演習 94）

解説

everything that happens「起こるすべてのこと」は**名詞＋that V** の型で、that は関係代名詞です。that のあとに happens が続いているので、that は述語動詞 happens の主語です。that＝「それ」の大原則に従って「それは . . .」と解釈します。「すべてのこと＋**それ**は、起こる」です。慣れてきたら、全体を「起こることすべて」とまとめて認識するようにします。

訳

起こるすべてのことの背後に神の手を見いだす人もいるだろう。

次に名詞＋that SV の型を見ましょう。

例題 181
I believe tomorrow will be better than today—that the world my generation grows into is going to get better, not worse.　（2011）

語注

the world my generation grows into is . . . は S sv V の型（→ 例題 1）/ generation「世代」（→ 演習 5）/ grow into ~「成長して~に入る」/ be going to V「（この状況では）V するだろ」（→ 例題 150）

解説

that the world my generation . . . is . . .「私の世代**が** . . . の世界**は** . . .」は、結果的に、最初の I believe につながる that 節になっています。

訳

明日は今日よりすばらしくなるだろうと私は信じている。今の世代が大人になる頃の世界が悪くはならず、もっと良くなっていくだろうということを。

I believe **that** tomorrow will be . . . のように that 節が SVO の O になる場

235

合の that は省略できますが、SVC の C になる場合は省略できません。

One of the biggest problems with modern computers is **that** they follow all commands mechanically.（1998）
「現代のコンピューターに関する最大の問題の 1 つは、コンピューターがすべての指令に機械的に従う**こと**だ」
この that は C なので省略できません。

That he ... で始まる場合、「あの彼」は間違いです。he は主語にしかなれないので、この時点で That の働きは決まります。

例題 182
That anyone, particularly one of her own children, doubt or throw doubt on it was the one thing in life which really distressed her.
（1970）

■語注■

throw doubt on ～「～に疑いをかける」/ the one...「唯一の...」/ in life「とりわけ」 the one thing を強調する働き。/ distress「悲しませる」

■解説■

That anyone ... doubt or throw doubt on it was ...「誰かがそれを疑ったりそれに疑いを投げかけたりすることは ... だった」は That SV is C「SV することは C だ」の型で、文頭の that は SV を名詞節にする接続詞です。

■訳■

とくに自分の子どもの 1 人がそうだが、誰かがそれを疑ったりそれに疑いを投げかけたりすることは、とりわけ彼女を心底悲しませる唯一のことだった。

なお、That SV is clear.「SV することは明らかだ」の型は解釈できなくてはなりませんが、C に形容詞がくる場合は It is clear that SV. と仮主語の型を用いるのが原則だと知っておいてください。

次に、It is that SV. と It is not that SV. の型を見ます。

第41講　that

例題 183
Not that he had been unpleasant or impatient. Not at all. (1985)

語注

unpleasant「不愉快な」/ impatient「イライラしている」/ not at all「全く〜ない」 否定の強め（→ 例題7）。

解説

Not that ...「... いうことではないのだ」は、It is not that SV. の It is が省略された型で、not は that 節全体にかかり、「SV するということ」＋「ではない」となります。

訳

彼が不愉快でイライラしていたということではない。全くそうではなかった。

It is that SV. は、聞き手が疑問に持ちそうなことについて「(それは) SV ということなのだ」、It is not that SV. は、相手が予想しているであろう SV という内容を「(それは) SV ということではないのだ」と、伝えるための表現です。また、例題で見たように、It is はしばしば省略されます。

名詞＋that SV の型で、名詞を後ろに移動させて、SV＋〈名詞〉が成立すれば that は関係代名詞です。

One thing that science fiction has focused attention on is travel faster than light. (2010)
「SF が中心的に取り上げてきたことの1つに超音速移動がある」
One thing **that** science fiction has focused attention **on**「SF が注意を集中してきたあること」は、science fiction has focused attention on 〈one thing〉「SF があることに注意を集中してきた」が元になったもので、that は前置詞 on の目的語になる関係代名詞です。なお、S is C の C に当たるのが to travel faster than light「光より速く移動すること」で、to が省略されます（→ 例題119）。

名詞＋that SV の型には、もう1つの可能性があります。the fact **that** I know は「私が知っている事実」は know the fact を元にした表現で、that は関係代名詞です。これに1語加わって the fact **that** I know him となるどうなるでしょ

237

うか。that は関係代名詞ではなく、名詞節を作って the fact と同格になります。したがって、「私が彼と知り合いである**という**事実」の意味です。

> ## 例題 184
> One important step along this path was Galileo's demonstration that the Earth revolves around the sun, a claim that had to overcome fierce resistance. (2016)

語注

along this path「この道の途中で」/ Galileo's demonstration と a claim は名詞＋名詞の型で同格（→ 例題56）。/ demonstration「論証」/ revolve around 〜「〜の周りを回転する」/ claim「主張」　a claim that は名詞＋that V の型で、that は関係代名詞（→ 例題 180）。/ overcome「打ち勝つ、克服する」/ fierce「激しい」/ resistance「抵抗」

解説

Galileo's demonstration that the Earth revolves around the sun「地球が太陽の周りを回っている**という**ガリレオの論証」は名詞と that SV が同格になる名詞＋that SV「SV という〈名詞〉」の型です。解釈のポイントは「という」です。

訳

　この流れの中にある重要な足跡は、地球が太陽の周りを回っているというガリレオの論証だったが、それは激しい反発に打ち勝たなければならない主張だった。

　例題 65 で見た **No one** can act wisely **who** has ... のように先行詞と関係代名詞が離れる型がありますが、これと同じように同格の that 節が名詞と離れている型にも注意が必要です。

　His refusal to obey a basic taboo sent a message throughout Hawaii that the old system of laws was no longer to be followed. (2003)
　「彼が基本的なタブーに従おうとしなかったことは、古い法体系はもはや守らなくてもよいというメッセージをハワイ中に送った」
　a message ... **that** the old system of laws was no longer to be followed

「古い法体系はもう守らなくてもいい**という**メッセージ」は名詞 ... **that SV** の同格の型です。なお、be to V「V すべきだ」は第 27 講を参照してください。

　次の例文の that は the ＋名詞のことですが、本講の冒頭で述べたように、実際に読む際は that＝「それ」で解釈すれば済むことがほとんどです。それでわかるのであれば、that は「それ」と解釈してどんどん先へ進んでください。
　次の例文の Its はダヴィンチが描いたモナリザのことです。
　Its commercial use in advertising far exceeds **that** of any other work of art. (2004)
「モナリザの広告における商業的使用は、どんな芸術作品であれ、他の芸術作品の**それ**をはるかに超える」
　この場合 that「それ」＝ the commercial use「商業的使用」です。

　次に、... that which ... というつながりは、どう考えたらいいでしょうか。関係代名詞が 2 つ並ぶことはないので、which が関係代名詞であれば、that は関係代名詞ではありません。

例題 185
The only useful knowledge is that which teaches us how to seek what is good and avoid what is evil; in short how to increase the sum of human happiness.　　　　　　　　　　　　　　　(1951)

語注
what is good [evil]「良い [邪悪な] こと」/ in short「要するに」(→ 例題 30) / sum「総量」

解説
　that which teaches us ...「... を私たちに教えるそれ (＝知識)」は that which ... の型で、that は原則である「それ」でなんとか解釈できます。that which ... で「... のそれ」です。この場合も「それ」が「知識」であることはわかります。

訳
　有益な唯一の知識は、良いことを探し求め、邪悪なことを避ける方法、要する

に、人間の幸せの総量を増やす方法を私たちに教えてくれる知識だ。

The only useful knowledge is that which ... は SVC の第 2 文型で、S＝C の関係があります。そもそも第 2 文型は S を定義する表現です。「... 知識とは... である」という構造からも、that が the knowledge だとわかります。

次の例文の those who ... の those が「人々」の意味であることは、who の先行詞は必ず「人」であることからもわかります。

Those who are unconvinced by this purely logical reasoning can turn to an argument from human history. (2016)
「こういった純粋に論理的な論法では納得しない人は、人間の歴史からの議論に頼ることができる」

those＝「人々」となるのはこの型だけではありません。

> **例題 186**
> The candidate assures those in favor of the death penalty that he wants 'realistic' penalties for murder. To those against, he wants 'humane consideration.' (1995)

▶語注

candidate「候補者」/ assure＋人＋that SV「〈人〉に SV を保証する」→「〈人〉に SV と言って安心させる」/ in favor of ~「~に賛成で」 against「~に反対で」と対立関係にある表現。/ the death penalty「死刑」/ murder「殺人」/ To ..., he wants ... は前文の繰り返し部分を省略した文。

▶解説

those in favor of the death penalty「死刑に賛成の**人々**」は those＋修飾語句の型で、those の後ろに修飾部分が続いています。次の **those** against は「反対の**人々**」で、those against **it**（＝the death penalty）の it が省略されています。

▶訳

死刑賛成論者には殺人に「現実的」刑罰を望んでいると、死刑反対論者には「人

240

道的配慮」を望んでいると言って、候補者は人々を安心させる。

　those＋修飾語句で those＝「人々」となる例として、those present「出席者」も覚えておきましょう。

　最後に、that＝「それ」を再確認しましょう。

> **例題 187**
> I went out this early July morning for a quick run along the Seine. That was fun.　　　　　　　　　　　　　　　　　　（2014）

語注
went out for ~「~のために外出した」/ along ~「~に沿って」/ the Seine「セーヌ川」

解説
　That was fun.「それは楽しかった」で、前文の内容を受けるのは it ではなく that か this です。it は the＋名詞で、単数名詞を受けます。
訳
　私は今年の 7 月初旬、朝早くにセーヌ川沿いをひと走りしに行った。それは楽しかった。

　相手の発言内容も That で受けます。
Caroline: You've seen me almost every day since we first met, and you naturally wouldn't notice any difference in me.
Robert: **That's** true.（1974）
キャロライン「初めて出会ってから毎日のように私を見ているのだから、私に変わったことがあったとしても、当然、あなたは気がつかないでしょうね」
ロバート「**それは**正しいな」

第 12 章　正しい解釈のための重要語

演習 99

　Next, the participants see or hear a persuasive message either for or against it. Then the experimenter measures their attitudes again; these attitudes are closer to the persuasive message that the subjects were exposed to. Finally, the participants report the opinion they held beforehand.　　　　　　　　　　　　　(2013)

語注

participant「参加者」/ persuasive「説得力のある」/ . . . either for or against it「それに賛成あるいは反対の . . .」/ experimenter「実験をする人」/ attitude「態度、考え方」/ closer to ～「～により近い」/ subject「被験者」/ be expose to ～「～にさらされている」/ the opinion they held「彼らが持っていた意見」名詞＋SV の関係代名詞が省略された型（→ 例題 171）。/ beforehand「あらかじめ」

演習 100

　No man can work long any trade without being brought to consider much whether that which he is daily doing tends to evil or to good. I have written many novels, and have known many writers of novels, and I can assert that such thoughts have been strong with them and with myself.　　　　　　　　　　　　　(1955)

語注

trade「商売、職業」/ be brought to V「V する気にさせられる」　bring O to V「O を V する気にさせる」の受動態。/ consider whether SV A or B「SV するのは A か B かに思いやる [を考える]」/ tend to ～「～へ向かう」/ assert that SV「SV だと断言 [主張] する」

演習 101

　For one thing, an eager devotion to sport may lead those devoted to it to live in an unreal world, in which the great events are mimic events, and the real business of the world is forgotten. In itself, it is no great failing to be passionate about a hunt, or a cricket team, or a football team; but when such a passion becomes the serious purpose of life, there is a great inversion of values.　　　(1977)

語注

for one thing「1つには」/ devotion to ～「～への献身」/ lead ～ to V「～を V するように導く」/ devote O to ～「O を～に打ちこませる」/ in which the great events are mimic events「そこでは大イベントがにせのイベントである」　名詞, in which SV「...〈名詞〉...」→「そこにおいて SV」の型 (→ 例題 66)。/ mimic「にせの」/ in itself「それ自体」/ cricket「クリケット」/ inversion「転倒」/ values「価値観」　この意味では複数形。

演習 99 の解説

the persuasive message that the subjects were exposed to「被験者がさらされた説得力のあるメッセージ」は同格の〈名詞〉that SV「SV する**という**〈名詞〉」ではなく、that が関係代名詞になる〈名詞〉that SV の型なので、「S が V する〈名詞〉」という意味になる。to の目的語になるべき名詞がないことから見抜く。

訳

次に参加者は、それに賛成あるいは反対する説得力があるメッセージを目や耳にする。それから、実験者は彼らの考え方を再度調べる。こういった考え方は、被験者がさらされた説得力のあるメッセージにより近いものだ。最後に、参加者は自分たちがあらかじめ持っていた意見を報告する。

演習 100 の解説

that which he is daily doing「彼が毎日やっていること」の that which ... は「...のこと」の意味。

訳

どんな仕事でも長くやっていれば、日々やっていることが善か悪かのどちらに向かっているのかと誰でも必ず考えこんでしまうものだ。私は多くの小説を書き、たくさんの小説家と知り合いなので、そういった思いが作家たちにも私自身にも強かったのだと断言できる。

第12章　正しい解釈のための重要語

演習101の解説

those devoted to it「それに打ちこむ**人々**」はthose＋修飾語句の型で、thoseは「人々」の意味。

訳

1つには、熱心にスポーツに打ちこんでいくと、それに打ちこむ人は非現実世界に住むことになりかねない。そこでは、大イベントがにせのイベントであり、世間の実業が忘れ去られる。狩りやクリケットのチームやフットボールのチームに熱中すること自体は大きな誤りではないが、そういったことに情熱をかけることが人生における真剣な目的になれば、価値の大転倒が起こる。

第42講　whatとthat

文頭のWhatが疑問詞になる場合は、文末に？が置かれ、SVが倒置されます。
What is the most profound question that human beings can ask about themselves?（1992）
「人類が自分自身に関して問うことができる最も深淵な問いは何だろう」

例題188

What we are really saying is that an elephant is large for an animal and a second is small as time goes.　　　　　　　　　（1989）

語注

large **for** an animal「動物にしては大きい」/ small **as** time goes「時間にしては小さい」

解説

What we are really saying is that ...「私たちが実際に言っていることは...ということだ」はWhat SV₁ is that SV₂.「SがV₁する**こと**はSV₂ということだ」の型で、クエスチョンマークもなく倒置も起こっていないので、whatは疑問詞「何」ではなく「...こと」「...もの」です。なお、この文の述語動詞はisで、that SV が C になっています。

訳

私たちが実際に言っていることは、ゾウは動物にしては大きく、秒は時間にし

ては小さいということなのだ。

次の例文は What V is that SV の型です。
What bothers me is that some people try to make science selective. (1992)
「私を悩ませる**こと**は、一部の人は科学を選択的（＝都合のいい部分だけを選択する）にしようとしている**こと**なのだ」

that SV と what SV との違いは、that SV には「SV のこと」の意味しかないのに対して、what SV は「SV の**こと**（＝内容）」「SV の**もの**」の2つの意味の可能性があることです。さらに、同じ意味で what には what SV に加え what V の型もあります。

what S be の型は別に整理しておくべき表現法です。

例題 189
The postal services in the eighteenth century were not what they are today. (1962)

解説
what they are today「それらの現在の姿」は what S be の型で、意味は「S の姿」と考えるのが最も有益です。

訳
18世紀の郵便制度は現在の姿とは違う。

what S is「S の現在の姿」に対応するのは、what S was は「S の過去の姿」か what S used to be「S の（今とは違う）昔の姿」です。what S used to be のほうが「今はそうではない」ということが強調されます（→ 演習 103）。

次に、疑問形容詞の what と which を見ていきましょう。Which do you like?「あなたはどちらが好きですか」の which の直後に無冠詞の名詞（book）がある、Which book do you like? は「あなたは**どちらの本**が好きですか」の意味です。

この用法は which だけでなく what でも同じです。

245

第 12 章　正しい解釈のための重要語

> **例題 190**
> To what depth did it accumulate?　　　　　　　　　(2002)

語注

depth「深さ」/ it は「雪」のこと。/ accumulate「による、蓄積する」

解説

To what depth「どんな深さまで」は what＋名詞 (depth) の型です。ポイントは、what a depth と冠詞 a がないことです。

訳

どのくらいの深さまでそれは積もったのか。

なお、whatevre＋名詞の型 (→ 演習 96、97) も考え方は同じです。

A is what B is all about. の型を分析すると、「A は B がその周りに (about) ある (is) もの (what ...)」→「A は B の核 [本質] だ」となります。

> **例題 191**
> Playing is what childhood is all about, and children give themselves up to it whole-heartedly.　　　　　　　　　(1992)

語注

give *oneself* up to 〜「〜に自分の身をささげる」/ whole-heartedly「心底」

解説

Playing is what childhood is all about「遊ぶことは子ども時代**の本質である**」は A is what B is all about.「A は B の核 [本質] だ」の型です。

訳

遊ぶことは子ども時代の本質であり、子どもは心底それに没頭する。

what if SV はそのまま覚えておくべき定型表現です。

第 42 講　what と that

> **例題 192**
> What if you talk about his good looks and not about his offensive personality?　　　　　　　　　　　　　　　　(2009)

語注

offensive「攻撃的な」

解説

What if you talk about ... and not about ... ?「あなたが ... について語り、... について語らなければどうなるのか」は、What **is it (like)** if SV?「もし SV するならどのようになるか」の省略ですが、What if SV?=「もし SV するならどうなるか」と覚えます。

訳

彼の攻撃的な性格ではなく、外見の良さだけを語ればどうなるだろうか。

> **演習 102**
> What makes children able to start telling lies, usually at about age three or four, is that they have begun developing a theory of mind, the idea that what goes on in their heads is different from what goes on in other people's heads.　　　　　　(2009)

語注

a theory of mind, the idea that ...「心の理論、すなわち ... という考え方」a theory と the idea が名詞₁, 名詞₂「〈名詞₁〉すなわち〈名詞₂〉」の同格(→ 例題 56)で、the idea と that SV が that SV「SV するという〈名詞〉」の同格の型(→ 例題 184)。/ what goes on「起こること」

> **演習 103**
> In Britain, one of the minor duties of good citizenship is not to disturb the private life of other citizens. If this is not true, then

247

> Englishmen are not what they used to be, and their passion for privacy, and what's more for respecting the next man's privacy, is dead and gone.　　　　　　　　　　　　　　　　　　　　(1978)

語注

第1文は → 例題128。/ their passion for privacy, and ... for respecting ...「プライバシーと ... を尊重することへの彼らの情熱」　andはfor privacyとfor respecting ... を並列。/ **what's more**「さらに」

演習102の解説

What makes ... is that ... はWhat V₁ ... is that SV「... をV₁する**こと**[**もの**] はSVする**こと**だ」の型で、What makes children able to start lies「子どもたちに嘘をつくことができるようにすること」が述語動詞isの主語。

訳

子どもたちが嘘をつけるようにするものは、通常3歳から4歳ぐらいだが、心の理論、すなわち自分の頭の中で起こることが他人の頭の中で起こることとは異なっているという考え方を発達させ始めたことなのだ。

演習103の解説

Englishmen are not what they used to be「イギリス人は昔の彼らの姿ではない」は、what they are「彼らの現在の姿」⇔ what they **used to** be「彼らの**昔の姿**」という、同じ対象の現在と過去の対立を踏まえた表現。

訳

イギリスでは、善良なる市民のささやかな義務の1つは、ほかの市民の個人生活を邪魔しないことだ。もしこれが正しくなければ、イギリス人はかつてのイギリス人の姿ではなく、プライバシーへの情熱、さらには隣人のプライバシーを尊重することへの情熱は死に絶えてしまったのだ。

第43講　ifとwhether

I wonder **if** I can get married to him. を「**もし**私が彼と結婚できる**たら** ...」と解釈するのは誤りです。wonderに続くif SVは述語動詞の目的語なので、必ず名詞節「SVするかどうか（という**こと**）」になります。したがって、全体の意味は、「**彼と結婚できるかどうかを私は知りたい**」→「**彼と結婚できるのかしら**」

第 43 講　if と whether

です。この場合、if は whether に置き換えられます。

> **例題 193**
> He examined the date upon the sketch and asked me, very earnestly, if I could tell him whether the lady was still living. （1980）

語注

examine「調べる」（→ 例題 49）/ earnestly「熱心に」

解説

asked me . . . if I could tell him . . .「私が彼に . . . を伝えることをができるかどうか（ということ）を . . . 私に尋ねた」は ask＋人＋if SV「〈人〉に SV かどうかを尋ねる」の SVO₁O₂ の型で、O₂ が if 節になっています。I could tell him whether the lady was still living「私は彼にその婦人がまだ生きているかどうか（ということ）を尋ねた」も同様に tell＋人＋whether SV「〈人〉に SV かどうかを伝える」の SVOO 型です（→ 例題 80）。

訳

彼はスケッチの日付を調べ、その婦人がまだ生きているかどうかを自分に教えてもらえるだろうかと私にかなり熱心に尋ねた。

even if SV は名詞節にはならず、副詞節「たとえ SV しても」のみです。

"Even if it has a lot of defects, the web still functions mechanically virtually the same way", Buehler says.（2013）

「『たとえそれに多くの欠陥があったとしても、それでも巣はほとんど同じように機械的に機能する』とビューラーは言う」

ここで大事なことは even if . . . の even が省略されることがあるということです。つまり、副詞節の if SV には「もし . . . なら」と「たとえ . . . でも」の2つの可能性があるということです。どちらかは文脈から判断するしかありません。

例題 193 の whether the lady was still living のように、whether SV が名詞節の場合は、名詞節の if SV と同じ意味になります。ただし、両者には重要な違いがあります。

第12章　正しい解釈のための重要語

> **例題 194**
> Whether it was lived just here or just there is a matter of slight moment. 　　　　　　　　　　　　　　　　　　　　　　　（1984）

[語注]

it は「社会生活」のこと。/ a matter of ～「（本質的には）～の問題」/ slight moment「わずかな重要性」

[解説]

Whether it was lived just here or just there is . . .「それがここで送られたか、あるいはあそこで送られたかといったことは . . .」は、Whether SV A or B is . . .「SV するのは A か B かは . . .」の型です。

[訳]

社会生活が送られたのがここかあそこかといったことは、ほとんど重要な問題ではない。

例題 194 の Whether を If に代えることはできません。ですから、If で始まる文は必ず副詞節になります。ただし、仮主語 it の真主語としてなら可能です。

It is also not clear how difficult and costly this would be, nor is **it** known **if** the task could be done by robots or would require human supervision.（2010）
「これがどれだけ困難で費用がかかることになるかもまた明らかではなく、仕事がロボットでできるのか、あるいは人間の監督が要るのかどうかもまたわからない」

if SV と whether SV はどちらも名詞節か副詞節かの判断が必要です。

> **例題 195**
> Whether the resources sought in space are materials or energy, technology for obtaining them still needs to be developed.（2010）

第 43 講　if と whether

語注

resource「資源、リソース」/ sought「求められる」 seek の過去分詞形。/ space「宇宙」 この意味では無冠詞。/ obtain「手に入れる」

解説

　Whether the resources ... are materials or energy, ...「... 資源が物質であれエネルギーであれ、...」は、Whether (SV) A or B, ...「(SV が) A であれ B であれ、...」という Whether SV が副詞節になる型です。Whether SV が名詞節なら Whether で始まる名詞節は単数なので、is [was] か、現在形の場合は -s がつく述語動詞があるはずですが、ここにはありません。なお、A, B or C「A か B かあるいは C」という並列の型が、A or B, C となることはありません。

訳

　宇宙で求められる資源が物質であれエネルギーであれ、それらを手に入れるための技術は開発される必要がいまだにある。

　副詞節の whether SV は文頭だけではありません。
All genius, whether religious or artistic, is a kind of excess. (1951)
「あらゆる天才性は、宗教であれ芸術であれ、一種の過剰である」
　All genius is a kind of excess「あらゆる天才性は一種の過剰である」に whether **it is** religious or artistic「それが宗教的であれ芸術的であれ」が挿入された型ですが、it (＝all genius) is は省略されています。

　if not ... は 2 つに分けて整理してください。

例題 196
　Or is free speech fundamental—a right which, if not absolute, should be given up only in carefully defined cases?　　　(2016)

語注

free speech「言論の自由」/ right「権利」/ absolute「絶対的」/ carefully defined cases「注意深く定義された場合」　副詞＋形容詞＋名詞の型（→ 例題 171）。

251

[解説]

if not absolute「たとえ絶対的ではないにせよ」は **even if it is** not absolute「たとえそれが絶対的ではないにせよ」の it（＝free speech）is が省略された型です。この if not A は even if S not be A「たとえ S が A ではないにせよ」です。要するに、if not ... ＝「... とまでは言わないが」ということです。

[訳]

あるいは、言論の自由は根本的なのだろうか。絶対的とまでは言えないにせよ、注意深く定義された場合にだけ放棄されるべき権利なのだろうか。

例題 197

What is this if not the basic principle of the modern fountain pen, the ideal pen whose "fountain" would not run dry? (2009)

[語注]

principle「原理、主義」（→ 例題 138）/ fountain pen「万年筆」/ the ... pen whose "fountain"　名詞＋whose＋名詞の型（→ 例題 69）。/ run dry「乾いた状態になる、干上がる」

[解説]

What is this if not ...「もし ... でないとしたら、これは何なのか」→「これこそまさに（理想的な）... である」は、What is this if **it（＝this）is** not ... が省略された型です。これが 2 つめの if not ... で、if not ... ＝「理想的な ...」です。

[訳]

これこそまさに現代の万年筆の基本原理、すなわち、「泉」が枯れないだろう理想的なペンである。

演習 104

Whether in the twentieth or twenty-first century the lower forms of literature and journalism will completely devour the higher has yet to be seen. (1964)

第 43 講　if と whether

語注

devour「... を食い尽くす」/ have yet to V「まだ V していない」

> **演習 105**
> "I shall never believe that God plays dice with the world," Einstein famously said. Whether or not he was right about the general theory of relativity and the universe, his statement is certainly not true of the games people play in their daily lives.　　　　(2002)

語注

play dice「サイコロを振る」/ the general theory of relativity「一般相対性理論」/ be true of ～「～に当てはまる」/ the games people play　名詞＋SV の関係代名詞が省略された型 (→ 演習 99)。

> **演習 106**
> But while Tahitians are said to have occasionally stood on their boards, the art of surfing upright on long boards was certainly perfected, if not invented, in Hawaii.　　　　(2003)

語注

are said to have p.p.「... だったと言われている」(→ 演習 86) / upright「直立して」

演習 104 の解説

　Whether in the twentieth or twenty-first century に接して Whether A or B「たとえ A であれ B であれ」の副詞節だと考えたとしても、**will completely devour** のあとの述語動詞になる **has yet to be seen** を見て、その考え方を捨てる。ここは、Whether sv V「sv かどうかは V する」の型で Whether sv は名詞節。

訳

　20 世紀か 21 世紀に、文学やジャーナリズムの低俗な形式が高尚な形式を完全に席巻するのかどうかはまだわからない。

演習 105 の解説

Whether 節が終わったあとで、カンマをはさんで his statement is という SV が登場する。したがって、whether 節は名詞節ではなく副詞節で、whether A or B「たとえ A であれ B であれ」と解釈する。

訳

「神が世界に関してサイコロを振っていると、私は絶対に信じることはないであろう」とアインシュタインが言ったことは有名である。彼が一般相対性理論や宇宙論に関して正しかったかどうかはともかく、彼の発言は日常生活で人々が行うゲームには間違いなく当てはまらない。

演習 106 の解説

if not ... は、ここでは「... とまでは言わないが」の意味。

訳

しかし、タヒチ人はサーフボードに立つことがあったと言われているが、長いボードに直立して波乗りをする技術は、ハワイにおいて発明されたとまでは言わないが、完成されたことは確かだ。

第 44 講　how

how ... の解釈に必要なルールは 2 つだけです。本講では 2 つのルールについて見ていきます。まず、1 つめのルールから。

例題 198

How long Porter remained in New Orleans, on his way to Honduras, is not known. (2010)

語注

on *one's* way to ～「～への途中」（→ 例題 50）

解説

How long Porter remained in ... is 「ポーターがどのくらい長く ... に滞在していたかは」は S (How ... sv) V (is) の型です。SV の **S は名詞、名詞句、名詞節のどれか**なので、この How ... は名詞節です。

254

訳
ホンジュラスへの途中、ポーターがニュー・オリンズにどれくらい滞在していたかはわかっていない。

how to V「V する方法」も名詞相当である点は、how SV と同じです。
Bats have a problem: how to find their way around in the dark. (2006)
「コウモリは問題を抱えている。それは、暗闇でどうやって進路を見つけるかという**こと**(→暗闇における進路の見つけ方)である」

両者は同じ「～の方法」でも根本意味に違いがあるので注意しましょう。how to V はこの例文のように発見する、あるいは他人に尋ねたり教えたりする対象になるのに対して、how SV はこの意味での「～の方法」ではなく、第 25 講の the way SV に近いものです。

how . . . の 2 つめのルールを見ましょう。

例題 199
Many Japanese are surprised at how easy it is for Americans to buy and own guns. (1988)

語注
it is for Americans to buy and own guns　it は仮主語 (→ 例題 16)。Americans が to buy and own guns の意味上の主語 (→ 例題 38)。and は buy と own を並列し、guns が共通の目的語。/ **own**「所有する」

解説
how easy it is for Americans to . . .「アメリカ人が . . . のはいかに簡単かということ」の it is for の並びを不思議に感じた人がいたかと思いますが、これは it is **easy** for ～ to . . . の easy が how の直後に移動して「いかに簡単か」の意味になった型です。解釈する際は、形容詞 easy を元の位置に戻して、it is easy for Americans to . . .「アメリカ人が . . . することは簡単だ」を踏まえるという手順を踏んでください。

255

第 12 章　正しい解釈のための重要語

訳
アメリカ人が銃を買ってそれを所有することがいかに簡単かということに、驚く日本人が多い。

なお、how＋副詞の型では、副詞は必ずしも後ろに回して考える必要はありません。

One of the best measures for judging the true complexity of a job is how easily it can be replaced by a machine. (2014)
「ある仕事の真の複雑性を判断する最良の尺度には、その仕事が**いかに容易**に機械にとって代わられることができるかどうかということがある」

no matter how ... の表現法習得のコツは、先に見た how＋形容詞[副詞]、の型の前に no matter が付加されたと考えることです。

例題 200
No matter how rational you try to be, you can't make decision after decision without paying a biological price. (2015)

語注
rational「合理的な」（→ 例題81）／ try to V「Vしようとする」／ decision after decision　名詞＋after＋名詞で「次々と」の意味。

解説
no matter how rational you try to be「たとえどんなにあなたが合理的になろうとしても」は、no matter how＋形容詞＋S be「たとえ S がどんなに～でも」の型です。この no matter how は however に代えられます。

訳
あなたがたとえどんなに合理的になろうとしても、生物学的な代償を払わずに次々と決断をすることはありえない。

however が「しかし（ながら）」の意味になるのは、あとにカンマを置いて文頭に位置するか、前後にカンマを置いて挿入されている場合です。
Despite the huge scale of the disaster, however, some experts remain

256

unalarmed. (1999)

「しかし、災害の巨大な大きさにもかかわらず、一部の専門家は無警戒のままである」

演習 107

And I don't think your dad can bear it much longer. If there's one more blow, he'll break. I'm trying to look after him, trying to make it all easier on him. Though how you make this sort of thing any easier beats me. (1994)

語注

I don't think your dad can bear it　I は母親、your は娘のこと。干ばつに見舞われた酪農一家での会話。/ bear「耐える」/ look after 〜「〜の面倒をみる」/ easy on 〜「〜の負担が楽」

演習 108

Readers often seem eager to produce their own meanings out of their encounters with poems, meanings which, however reasonable or satisfying they are to the readers themselves, may not have been intended by the poet and may not be shared by other readers. (2007)

語注

be eager to V「熱心に V する」/ produce A out of B「A を B から引き出す」/ their own meanings ... , meanings ...「... 彼ら自身の意味、すなわち ... の意味」名詞₁, 名詞₂ の同格の型。/ encounter with 〜「〜との遭遇[出会い]」

演習 107 の解説

how ... beats me は how sv V (beats) O「どうやって sv するかということが、O を V する」の型で、how ... は名詞節。この場合は、「どのように ... するかが私を負かす」→「どのように ... するか私にはわからない」ということ。

第 12 章　正しい解釈のための重要語

なお、How ... beats＋人「どうやって ... か〈人〉にわからない」は定型表現として覚えるべき。

▶訳◀
　それに、お父さんはこれ以上はあんまり長くは耐えられないと思うの。もしあと一撃があれば、お父さんは壊れてしまうわ。私はお父さんの面倒をみようとして、お父さんの負担が何とかより楽になるようにしようとしているの。でも、こういったことをどうすれば少しでもより楽にできるのか、私にはわからないわ。

▶演習 108 の解説◀
　however reasonable or satisfying they are「それらがいかに納得でき満足を与えても」は however＋形容詞の型で、which とその述語動詞のあいだに挿入されている。完全に慣れるまでは、形容詞を元の位置に戻して they are reasonable or satisfying to ...「それらは ... にとって納得でき満足を与える」から考えるという手順を踏む。

▶訳◀
　読者は詩の遭遇から自分だけの意味を引き出すのに熱心だと思われることが多い。その詩が読者自身にとってどんなに納得ができ満足を与えるものだとしても、その意味は詩人が意図していなかったかもしれず、他の読者は共有していないかもしれない。

第 45 講　as

　as はたいへん短い単語です。だからこそ、接続詞と前置詞として重要な働きをします。意味が広く感じられ、多様な使い方があるので深く分析したくなりますが、分析のしすぎは禁物です。ここは、解釈に必要な用法に絞って覚える姿勢こそが有益なのです。

　as＋名詞［形容詞］の意味は 1 つです。

例題 201
　The De La Rue Company of Great Britain was founded as a paper and printing company in 1821.　　　　　　　　　　　　(2009)

第 45 講　as

語注
De La Rue Company「デ・ラ・ルー社」/ found「創立する」/ a paper and printing company「製紙および印刷会社」　不定冠詞 a が 1 つだから会社は 1 つで、「製紙会社」と「印刷会社」ではない。

解説
　was founded as a ... company「...の会社として創立された」は as が「〜として」の意味の前置詞として用いられています。

訳
　イギリスのデ・ラ・ルー社は 1821 年に製紙および印刷会社として設立された。

　前置詞はあとに名詞がくるので、as+形容詞の as は前置詞だとは言えませんが、as+名詞「〈名詞〉として」の型と同じように考えられます。
　They made sounds that I can only describe as animal-like when they saw her.（1988）
　「彼らが彼女（＝彼らの孫で、私の娘）を見たとき、動物のようだとしてしか私は説明できない音を彼らは出した」
　as animal-like は as+形容詞の型で、「動物のようだ**として**」という意味です。

　as a child を「子ども**のとき（に）**」と解釈することがあります。それは、特に印刷物では子どもが書いたものは珍しく、この表現を使うときは、大人が子どもの頃のことを「子ども**として**」書いているからです。
　Now, as an adult, I recall these memories because I've been thinking recently about seeing.（2009）
　「今、大人として［大人になって］私はこういった記憶を思い出しているが、それは私が見ることについて最近ずっと考え続けているからである」

　次に as が接続詞として使われる as SV の型を見ましょう。

例題 202
　You must focus the body and make it aware, as you would your fingers that were about to pick something up.　　　　　（2005）

第 12 章　正しい解釈のための重要語

▌語注▐
focus「(注意などを) 集中させる」/ make it aware「それを意識している状態にする」　make O C「O を C の状態にする」で C が形容詞になる型 (→ 例題43)。/ be about to V「V しようとする」/ pick 〜 up「〜を拾い上げる」

▌解説▐
　as you would「あなたが (する) だろう**ように**」では、would に続く原形動詞以下がないことに注目します。このように as に続くのが完全な文ではない場合、as を「〜のように」と解釈する手がかりになります。助動詞 (must) +原形動詞 (focus) ⇔ 助動詞 (would) +原形動詞 (ø) という対照関係に注目すれば、省略されている原形動詞は focus だとわかります。

▌訳▐
　肉体に神経を集中させ肉体を意識している状態にしなければならない。何かをつまみあげようとする指に神経を集中させるであろうように。

　なお、just as SV に just がある場合も、「(ちょうど)... のように」と解釈します。この型は演習 109 を参照してください。

　as you know **him** のように know の目的語がある型に対して、目的語がない as you know は「あなたも知っている**ように**」となります。
　The Hilton theory was, as everyone knows, a worldwide success. (1995)
　「誰もが知っている**ように**、ヒルトン理論は世界じゅうで成功した」

　ここまで考えてきたように、Democracy, as we know, is... は「私たちが知っているよう**に**、民主主義は...」です。ところが、これに it が加わった Democracy as we know it is...「私たちが知っている (ような) 民主主義は...」は「よう**に**」ではなく「よう**な**〈名詞〉」となり、前の名詞を修飾します。
　なお、名詞+as+p.p. の型も、名詞+as **it is** p.p. のように考えて、前の名詞を修飾する「...よう**な**」です。
　The voice of the people as expressed through participation thus comes from a limited and unrepresentative set of citizens. (2006)
　「このように参加を通して表明されるよう**な**民衆の声は、限定された市民を代表

していない集合からくるのだ」

さらに as SV を掘り下げます。

> **例題 203**
> As the hair of Yale students grows long, business at campus barbershops grows short.　　　　　　　　　　　　　　(1972)

[語注]

business ... grows short「... の儲けが足りなくなる」→「... の商売はあがったりだ」

[解説]

　As the hair of ... grows long「... の髪が長くなるに**つれて**」の意味は as に続く文の意味から生じます。grows long は grow＋形容詞「～になる」という変化を表し、その場合 as SV は「S が V するにつれて [に従って]」と解釈します。as SV「SV のとき、SV なので」をより細かく解釈したことになります。

[訳]

　エール大の学生の髪が長くなるに従って、大学構内の理髪店の商売は儲からなくなる。

　例題 189 で what＋S＋be＝「S の姿」について学びました。たとえば、what Japan is today は「日本の今日の姿」です。同じ意味は as でも表現できます。

> **例題 204**
> One reason is that these thinkers were not simply trying to explain the world as it was, but rather the world as man needs it to be—unified, comprehensible, and ultimately systematic.
> 　　　　　　　　　　　　　　　　　　　　　　　　　　(1962)

[語注]

One reason is that SV「1 つの理由は SV ということである」→「1 つには SV

だからである」/ not simply A but B「A だけでなく B」≒ not only A but (also) B（→ 演習 46）/ —unified, comprehensible, and ultimately systematic は A, B, and C の型の並列。/ unify「統合する」/ comprehensible「簡単に理解できる」/ ultimately「究極的に」

解説
　the world as it was「世界の過去の（→ 当時の）姿」は名詞 as S be の型で、the world as it is≒what the world is です。the world as man needs it to be「人間が世界にこうあってほしいとする世界」→「人間が求めている世界の姿」は、この応用型として解釈します。

訳
　1つには、これらの思想家たちが、世界の実像だけでなく、むしろ人間が求める世界、すなわち統一されて理解しやすく究極までに組織化された世界の姿を説明しようとしていたからである。

　なお、such を名詞として用いた such as S be も合わせて整理しておきましょう。
　My own memory was never a good one, but such as it is, or was, I am beginning to lose it, and I find this both a worrying and an interesting process.（1980）
「私自身の記憶力は決して良いものでなかったが、今もそのようなものであるし、以前もそうだった。また、私は記憶力がダメになり始めてはいるが、これを心配だが興味ある過程だと私は思っている」
　such as it is「（大したものではない）私の記憶力の姿」は such as S be の型です。

　カンマ＋as in ... の型を見ます。

例題 205
But in London, as in all modern cities, it is the individual that counts.　　　　　　　　　　　　　　　　　　　　　　　　（1991）

第 45 講　as

[語注]
it is the individual that counts「重要なのはまさに個人だ」 It is . . . that V の型の強調構文 (→ 例題 18)。/ count「重要である」

[解説]
. . . , as in all modern cities「あらゆる現代都市におけるのと同じように . . .」はカンマ＋as in . . . の型です。「. . . において (in . . .) と同じように (as)」で、as は「(同じ) ように」の意味です。

[訳]
しかし、あらゆる現代都市におけると同じように、ロンドンでも重要なのはまさに個人なのである。

なお、as in . . . の in が at や with でも「. . . ように」となるので、as＋前置詞 . . . と整理しておくのが有益です。
One result is that in Delhi, for example, almost all recycling has been handled informally—as at Swaran Park—by groups without official recognition.（2007）
「1 つの結果は、たとえばデリーでは、ほとんどすべてのリサイクルは、スワラン公園でのように、正式な認可がないグループによって非公式に扱われてきた」

次に、文頭の形容詞＋as SV の型を考えます。

例題 206
Very democratic as juries are in their composition, they are very aristocratic in their likes and dislikes.　　　　（1922・法）

[語注]
jury「陪審員」/ composition「構成」/ aristocratic「貴族的な」/ likes and dislikes「好き嫌い」

[解説]
Very democratic as juries are「陪審員は非常に民主的ではあるが」は、形容詞＋as SV の型です。形容詞を元の位置に戻した Although juries are very

263

democratic ... を踏まえて解釈します。Although ...「たしかに ... だが」という意味になるのが原則ですが、最終的には文脈から判断します。
▎訳
　陪審員は構成においては非常に民主主義的ではあるが、好き嫌いにおいてはかなり貴族的である。

　なお、形容詞のほか、副詞や無冠詞名詞や動詞の原形などがくることもあります。次の例文は文頭に副詞＋as SV の型がきた場合です。
　Much as I enjoyed American food, I couldn't last four days without an Indian meal.（2012）
「私はアメリカ料理を気に入ってはいたが、インド料理なしでは 4 日と持たなかった」

　次に、as if ... の型を見ます。

例題 207
A man and woman have a child; for a period of time it is as if they are the only three people in the world.　　　　　（1988）

▎語注
a period of time「期間」

▎解説
　as if they are ...「まるで彼らは ... のようだ」は、as if SV「まるで SV するかのように」の型です。これは as **it would [will] be** if SV「**もし SV するなら、そうなるであろうように**」の太字部分が省略されたものだと考えます。
▎訳
　男女に子どもが生まれる。ある期間、彼らはまるで世界で無比の 3 人であるかのようである。

　なお、as if SV の V を現在形と過去形の解釈の基準は、以下のような時制の根本原則に従います（→ 第 38 講）。
　現在形 → 近いこと＝現実のこと

過去形 → 遠いこと＝非現実のこと
例題 207 では as if they **are** . . . と現在形ですが、それは筆者が現実のことのようにとらえていることを示します。次は will が使われた例です。

The bus falls silent as a young guard enters, and we all determinedly stare straight ahead, as if by our pretending to ignore the guard, he will ignore us.（2003）
「若い衛兵が入ってくるとバスの中は沈黙におちいり、私たちが衛兵を無視しているふりをすることで、あたかも衛兵が私たちを無視することになるかのように、私たちはみんな断固として前方を凝視する」
as if . . . he will ignore . . . の型が使われています。

as though SV もあわせて整理しておきましょう。
Couples sit next to each other in the cafés, watching the street. There are rows of them assembled **as though** in fashion photographs from Vogue or like a stylish display of mannequins.（2014）
「カップルがカフェで隣り合って座って、通りを眺めている。まるで『ヴォーグ』誌のファッション写真の中の、あるいはマネキンのおしゃれなディスプレイのように、カップルが列をなして集まっている」
これは as through **they were [are]** の省略です。このように、接続詞のあとの S と be 動詞が省略されることがあります（→ 例題 116）。

She spoke each word with a terrible clarity, **as if trying** to burn it into my brain.（2000）
「彼女は、まるで私の脳にそれを焼き付けようとでもするかのように、1つ1つの言葉を恐るべき明晰さでひと言ずつ話した」（→ 演習 4）
as if **she was [were]** trying . . . の太字部分が省略されています。

演習 109
　Just as the motions of the heavenly bodies are explained by Copernicus as appearances due to our position on a moving earth, so, according to Kant, the position and extension of things in space, and the succession (or simultaneousness) of events in time, are only *phenomena* or appearances, due to the peculiar constitution

of our faculties of perception. (1937・経)

[語注]
heavenly body「天体」/ Copernicus「コペルニクス」/ appearances「見かけ(のもの)」 複数形の -s はその名詞を具体化する働きをする。/ due to ～「～に起因する」/ extension「延長」/ succession「連続」/ simultaneousness「同時性」/ phenomena　phenomenon「現象」の複数形。/ phenomena or appearances　名詞₁ or 名詞₂の同格の型 (→ 例題 57)。/ peculiar「固[特]有の」/ constitution「成り立ち、構造」/ faculties of perception「認知能力」

演習 110

Lincoln's ideal of 'Government of the people, by the people, for the people,' noble as it is, and heroically as he himself believed in it, is nevertheless only a splendid abstraction, very advantageously presented to the world, but, so far as political government is concerned, beyond exact realization in practice. (1965)

[語注]
believe in ～「～の価値[存在]を信じる」/ is ... a splendid abstraction, ..., but, ..., beyond exact realization　is の C を but が並列している型。/ nevertheless「それにもかかわらず」/ abstraction「抽象」 不定冠詞 a はその名詞を具体化する働き。/ so [as] far as S be concerned「S に関するかぎり」/ beyond exact realization「正確には実現できないで」/ in practice「実際は」 in theory「理論上は」との対比で用いられる。

演習 111

From the outset, our civilisation has been structured in large part around the concept of work. But now, for the first time in history, human labour is being systematically eliminated from the economic process, and, in the coming century, employment as we have come to know it is likely to disappear. (1996)

第 45 講　as

[語注]
outset「初め」/ civilization「文明」/ structure「構造化する」/ in large part「大部分は」/ around ～「～の周りに、～を中心に」/ is being systematically eliminated「(いま) 体系的に除去されようとしている」　be being p.p.「まさに...されつつある」の受動態の進行形(→ 例題151)。/ eliminate「排除する」/ be likely to V「(この状況では必然的に) ～になってしまう」(→ 演習111)

[演習 109 の解説]
　Just as the motions of . . . are explained by . . . , so . . .「ちょうど...の動きが...によって説明されるように、...」は Just as SV₁, (so) SV₂「ちょうど SV₁ のように SV₂」の型で、just を目印に as は「...のように」となる。なお、so は省略されることがある。
[訳]
　ちょうどコペルニクスによって、天空の動きが移動している地球上の私たちの位置に起因する見かけとして説明されているように、カントによると、空間における物事の位置と範囲、時間における出来事の連続性 (あるいは同時性) は、私たちの認知能力に特有な構造に起因する現象、すなわち見かけでしかないのだ。

[演習 110 の解説]
　noble as it is「それは高貴であるが」、heroically as he himself believed in it「彼自身、その価値を勇敢に信じていたが」は、形容詞＋as S be「S は〈形容詞〉だけれども」と副詞＋as SV「S は〈副詞〉に V するけれども」の型。
[訳]
　「人民の、人民による、人民のための政治」というリンカーンの理想は、高貴であり彼自身も勇敢にその価値を信じたけれども、それでもやはり、素晴らしい抽象論でしかなく、かなり都合よく世間に提示されたが、こと政治的統治に関するかぎり、実際にはそのとおりに実現するにはほど遠かった。

[演習 111 の解説]
　employment as we have come to know it「私たちが知っている**ような**雇用形態」は名詞＋as we know it の型。it があることから「知っているように」ではなく、前の名詞の意味を限定する「知るようになったよう**な**〈名詞〉」になる。
[訳]
　初めから私たちの文明の大部分は仕事という概念を中心に組み立てられてきた。

しかし今や、歴史上初めて、人間の労働は経済プロセスから構造的に排除されつつあり、次世紀には私たちが知っているような労働は姿を消す可能性がある。

第46講　so と such

so と such はセットで整理すると効率的です。

so ~ that SV は「あまりに~なので SV」で、so のあとには形容詞か副詞がきます。

> **例題 208**
> Some neighbors were so upset that they would not even admit to themselves what they saw. （1963）

語注

neighbor「隣人」/ admit to themselves what they saw　admit の目的語は what...（→例題82）。/ would not admit ~ to oneself「~をどうしても自分自身に対して認めなかった」→「~をどうしても認められなかった」

解説

so upset that they would not even admit ...「あまりに動揺して彼らはどうしても...を認めようとすらしなかった」は so ＋形容詞＋ that SV の型です。

訳

隣人の中にはあまりに気が動転して、自分が目にしたものをどうしても認めようとすらしない者もいた。

「あまりに~なので SV」は本来は主観的な解釈です。これをあえて客観的に解釈すれば「SV する程度に~」となります。ただ本質は主観的な表現法であり、だから so ~ that SV の that SV 以下には滑稽になりかねないほど大げさな記述内容が続く場合が多いことも覚えておきましょう。なお、次のように so のあとに形容詞や副詞以外がくる場合もあります。they は自伝の著者のことです。

Things of which they say nothing so change what they pretend to confess that in uttering only a part of the truth they say nothing. (1979)

「彼らが何も触れないことが、ほんの一部にせよ真実を語っているのに、何も語っていないことになるほどに、告白したふりをしている内容を変えてしまうのだ」

so と that との間に動詞が入った例です。Things of which they say nothing は名詞＋前置詞＋which SV「それに関して SV すること」の型（→ 例題 66）です。that in uttering ... they say nothing「... を言うとき、彼らは何も言っていない」は that 節の中が前置詞句＋SV の文頭前置詞の型（→ 第 4 講）になっています。

such ～ that SV も so ～ that SV と同じように表現できます。異なるのは such と so の直後の語順です。

例題 209

It is such a ridiculous sight that I burst out laughing, but Mangiarotti, who was also watching the hat, remained serious-faced.
(1993)

語注

ridiculous「馬鹿げた」／ burst out laughing「突然笑い始める、吹き出す」／ remained serious-faced「真面目な顔のままだった」 remain＋過去分詞［形容詞］「〜の状態のままである」の型。

解説

such a ridiculous sight that ...「あまりに滑稽な光景なので ...」は、such a＋形容詞＋名詞＋that SV「あまりに〈形容詞〉な〈名詞〉なので SV」の型です。

訳

それはあまりに滑稽な光景だったので私は思わず吹き出したが、これまたこの帽子の動きをじっと見ていたマンジャロッティは真面目な顔のままだった。

such a ridiculous sight that ... の such を so にすれば **so** ridiculous **a** sight の語順になります（→ 演習 101）。なお、次の例の so は「そ［あ］んなに」の意味です。

St. Paul might not have been so good a Christian if he had not previ-

ously been an excessive prosecutor of Christians. (1951)
「もし使徒パウロがそれ以前にキリスト教徒に対して行きすぎた迫害者でなかったなら、あのような立派なキリスト教徒ではなかったかもしれない」
so good a Christian は so＋形容詞＋a＋名詞の語順です。

Such being the case ...「そういう事情で...」という定型表現があります。これは分詞構文で、Such is the case「そのようなことが正しい」が元になっています。この such は代名詞です。次の例文では、as such「そのようなものとして、それ自体」が使われています。

The shoe is a construction of leather. It has a special shape and use and name, but it is still an article of leather, and is thought of **as such**. (1985)
「靴は革の構築物である。それには特別な形と使い方と名前があるが、それでもやはり革製品であって、そのようなもの（＝革製品）だと考えられている」

この as such と such as は全く異なる表現です。such as は〈抽象 → such as＋具体例〉か、あるいは such と as を切り離して〈such＋抽象 → as＋具体例〉の流れで用います。

例題 210

We are so accustomed to the order of the alphabet that we use it as an alternative to numbers in such things as lists and grades.
(1987)

語注

so ... that SV「あまりに ... なので SV」(→ 例題 208) / be accustomed to ～「～に慣れている」/ order 「秩序、命令、順番」のうち、ここは「順番」(→ 演習 43)。/ alternative to ～「～に代わるもの」/ grade「成績」

解説

such things as lists and grades「一覧表や成績といったもの［こと］」は such＋抽象 → as＋具体例の流れです。

第 46 講　so と such

訳
　私たちはアルファベット順にあまりに慣れているので、一覧表や成績のようなものに数字の代わりとしてそれを使う。

　次は、抽象 → such as ＋具体例です。
　But we must never be arrogant about the advance of science: terrible medical tragedies, such as Thalidomide, and the development of weapons of mass destruction, have to be set against progress. (2000)
　「しかし、私たちは科学の進歩に関して決して傲慢であってはならない。サリドマイドのような恐ろしい医療上の悲劇や大量破壊兵器の開発は、進歩と対比して考慮されなくてはならない」
　terrible medical tragedies, such as Thalidomide「サリドマイドのような恐ろしい医療上の悲劇」は抽象 → such as ＋具体例の流れです。
　なお、as のあとは名詞だけではありません。次は動名詞の例です。
　Even such an elementary form of consideration for the patient as explaining the likely effects of a treatment can have an impact on the outcome. (2007)
　「治療の考えられる影響を説明するといった患者に対する思いやりの基本的な形でさえ、結果に影響を持ちうるのだ」

　具体例を示す表示として、for example [instance]「たとえば」は広く知られていますが、such as も同じ働きすることを整理しておいてください。以下に、具体例を示す表現法をまとめます。

(1) 抽象 → like＋具体例
(2) 抽象 → say, ＋具体
(3) 抽象 → such as＋具体例
(4) such＋抽象 → ＋as＋具体例
(5) 抽象 → for example [instance], ＋具体例

　次は (2) を使った例です。
　Choosing a topic on which people's minds are not completely made up—say, the death penalty—the experimenter carefully measures the subjects' attitudes. (2013)

第 12 章　正しい解釈のための重要語

「それに関して、人の考え方が完全には決まっていない話題、たとえば死刑を選び、実験者は注意深く被験者の考え方を測定する」

演習 112

In the early years of the 21st century the trend toward the unisex look had reached so advanced a state that it was almost impossible to distinguish males and females unless they were completely unclothed.　　　　　　　　　　　　　　　　　　　　　(2005)

語注

In the ... century　文頭の前置詞句で、その直後で SV が始まる（→ 例題 6）。/ unisex「男女の区別がないこと、ユニセックス」/ distinguish A and B「A と B とを区別する」/ unless SV「SV しないかぎり」（→ 例題 103）

演習 113

Advice, as it always gives a temporary appearance of superiority, can never be very grateful, even when it is most necessary or most judicious. Vanity is so frequently the apparent motive of advice, that we, for the most part, summon our powers to oppose it without any very accurate inquiry whether it is right.　　　　(1951)

語注

judicious「賢明な」/ vanity「虚栄心、うぬぼれ」/ so 〜 that SV「あまりに〜なので SV」（→ 例題 208）/ for the most part「たいていの場合」/ summon one's powers to ...「自らの力を奮い起こして ... する」/ without any「全く ... ない」（→ 例題 178）

演習 112 の解説

so advanced a state that it was ...「あまりに進んだ状態にあるのでそれは ... だ」は so+形容詞＋a＋名詞＋that SV の型。so を such にすれば、such an advanced state that SV の語順になる。so ... that SV の that SV に大げさ

な記述がくる典型例。

訳
　21世紀初頭、外見で男女差がない傾向があまりに進んだ状態にまで達してしまっていたので、完全に素っ裸にならないかぎり男女を区別することがほぼ不可能だった。

演習113の解説
so frequently ..., that we, ..., summon ...「あまりに頻繁なので ... 私たちは ... を奮い起こす」は so＋副詞＋that SV の型。

訳
　アドバイスは一時的に優位になったように常に見えさせるので、たとえその必要性がたいへん高く正当であっても、アドバイスが感謝されることは決してありえない。虚栄心がアドバイスをする動機になっているように見えることがあまりにも頻繁なので、私たちはそれが賢明かどうかを正確に調べることなど全くせずに、ほとんどの場合、それに反抗する力を奮い立たせる。

第47講　all

　all は「すべての」という意味の形容詞だけではありません。その思いこみが正しい解釈の妨げになります。まず名詞［代名詞］の all から見ていきます。

例題211
And we were all painting pictures as brilliant as the cool April sunshine.　　　　　　　　　　　　　　　　　　　　　　（1984）

語注
pictures as brilliant「キラキラ輝く絵」　名詞 ← 形容詞の型（→ 例題51）。/ as brilliant as ～「～と同じくらいキラキラ輝く」　as＋形容詞＋as ～「～と同じくらい〈形容詞〉の」（→ 第33講）

解説
we were all ...「私たちは**みんな** ... だった」は all of us「私たちはみんな」の意味です。

第 12 章　正しい解釈のための重要語

訳

　それに、私たちはみんな涼しい4月の日光のような明るい絵を描いていたのだ。

　このように、主語が複数の場合、それを説明する all は「S はすべて」となる可能性があります。
　They are **all** . . . ≒ **All** of them are . . .

　日本語の「私たち」の人数はさまざまですが、we は原則として2人です。だからこそ、2人ではないことを示すために We . . . all や All of us . . . が用いられます。

例題 212
'That's all I can tell you,' he said. 'That's all there is.'　　（2004）

解説

　That's all I can tell you「それは私があなたに言える**すべて**だ」→「私があなたに言うことができるのはそれ**だけ**だ」と、That's all there is「それがある**すべて**だ」→「あるのはそれ**だけ**だ」は **all** SV の関係代名詞が省略された型です。それを見抜くには、**all は名詞**だという認識が必要です。

訳

　「私があなたに言うことができるのはそれだけだ」と彼は言った。「あるのはそれだけだ」

　all の意味が「すべて」→「だけ」「きり」と展開していることに注目し、all と「だけ」「きり」との関係を頭に入れます。

　what SV と all SV はともに「SV する**こと**[**もの**]」と解釈できます。では、what と all の違いはどこにあるのでしょうか。上で述べた all の意味の展開を踏まえて見ていきましょう。

例題 213
He was staring straight ahead. I followed his gaze, but all I could

see was a country road with a hedge running alongside it. (1993)

語注
stare「見つめる」 He は車を運転している。/ gaze「凝視」 I は助手席に乗っている。/ with＋a hedge＋~~was~~＋running「垣根が続いている状態で」 付帯状況 (→ 例題 39)。/ hedge「垣根」/ alongside ～「～と並んで」

解説
all I could see was ...「私**が**見ることができたすべて**は** ... だった」→「私が見ることができたのは ... **だけ**だった」は all sv V ... の型 (→ 例題 1) です。この型だと見抜くために必要なのは all が名詞だという認識です。型の上ではこの all を what にすることは可能ですが、what では「～だけ」の意味が出ません。

訳
彼はまっすぐ前を見ていた。私は彼の視線を追ったが、私が見ることができたのは垣根が道なりに続く田舎道だけだった。

all＋単数名詞の型も見ておきましょう。
Where does all life come from? (1992)
「すべての生命はどこから来るのか？」
演習 97 の all thought も同様です。

all は名詞・形容詞・副詞の 3 つの品詞があります。最後に副詞を見ましょう。

例題214
Mum would be waiting now, wanting to hear the news, and she'd get all excited as if she'd won a prize or something. (2008)

語注
Mum would be waiting now, wanting　SV, Ving の分詞構文の型 (→ 例題 87)。/ get ... excited「興奮する」 get＋形容詞「～ (の状態) になる」の型。/ as if SV「まるで SV のように」(→ 例題 207) / a prize or something「賞か何か」〈名詞〉or something「〈名詞〉か何か」(→ 例題 110)

275

第12章　正しい解釈のための重要語

[解説]
all excited「**非常に**興奮して」は all ＋形容詞の型で、all は副詞です。

[訳]
ママは知らせを聞きたくて、今頃は待っていることだろう。そして、まるで自分が賞か何かを取ったかのように、非常に興奮するだろう。

たとえば、We were all excited. という文で all は we . . . all で「私たちはみんな . . .」なのか、あるいは all excited「非常に興奮している」なのかは文脈で判断するしかありません。さらに言えば、これは机上の空論そして杞憂なのです。なぜなら、意味不明という理由で読者が離れることを恐れているのはまさに筆者なのですから。

◆◆◆◆◆◆◆◆◆◆◆◆◆◆◆◆◆◆◆◆◆◆◆◆◆◆◆◆◆◆◆◆◆◆◆◆◆

演習114
　I live in a nice old apartment building in Edinburgh: several floors of individual flats, all connected by an internal staircase made of sandstone. The building is at least a century old, and nowadays each of those sandstone steps is looking a little worn.　　(2014)

[語注]
individual「個々の」/ an internal staircase made of sandstone「砂岩でできた内階段」　名詞＋過去分詞（made）の名詞修飾の型（→ 例題96）。/ made of ～「～でできている」/ at least「少なくとも～、～以上」（→ 例題5）/ nowadays「最近」/ worn「すり減っている」　wear の過去分詞。

[演習114の解説]
　several floors of . . . , all connected by . . . は「. . . の数階、すなわち . . . によってつながったすべて」と同格で解釈しても、「. . . が数階あり、そのすべては . . . によってつながっている」と all のあとに being が省略されていると考えてもよいが（→ 例題36）、いずれにせよ all が名詞だという認識が必要。なお、all concerned「関係者全員」と間違えないこと。

[訳]
　私はエディンバラにある趣のある古アパートに住んでいる。それぞれの住

まいは数階にまたがっており、そのすべてが砂岩でできた内階段で結ばれている。建物は1世紀以上前に建てられ、最近では、その砂岩階段の各段が少しすり減ってきているようだ。

第 48 講　much

　Thank you very **much**. のおかげで副詞の much は身近に感じられますが、名詞の much を忘れがちになります。たとえば、much of 〜という型に対する違和感は、much が名詞であるという認識の不足からきます。I'm more of a tea drinker (than a coffee drinker).「私はどちらかと言えば（コーヒーより）紅茶派だ」も、このタイプの表現法です。

> **例題 215**
> 　Much of Madagascar has already been destroyed by the gradual action of small farmers.　　　　　　　　　　　　　　（2004）

|語注|

Madagascar「マダガスカル」　アフリカ南東沖にある島国。/ destroy「破壊する」

|解説|

　Much of 〜 **has** ... been destroyed「〜の多く（の地域）が... 破壊されてきている」で、この Much は名詞です。主語の Much が単数扱いになっている点に注目します。

|訳|

　マダガスカルは小作農の活動の積み重ねによって、多くの地域がすでに破壊されている。

　much は a great deal と言い換えられますが、これも単数で受けます。
　A great deal was expected, it seemed to me, of a boy who was named after his father.（1957）
「父にちなんで名づけられた息子には、多くのことが期待されていたように私には思われた」

277

たとえ新生児であっても、This baby is one month **old**.「この赤ん坊は生後1か月だ」のように、年齢一般を表す場合、young ではなく old を用います。この場合の old は「年をとっている」こととは関係がなく、年齢のこと一般を表します。

例題216

In other words, companies should be taxed according to how much pollution they cause, so that they will be encouraged to use cleaner technologies and make cleaner products. (1998)

語注

In other words「換言すれば、言い換えれば」/ tax「税金を課す」/ according to ～「～に従って」/ pollution they cause「彼らが引き起こす汚染」 名詞＋SV の関係代名詞の省略の型（→ 演習66）。/ , so that they will ...「そうすれば彼らは . . . だろう」 . . . , so that SV「その結果［そうすれば］SV」の型。前のカンマをヒントにする。/ be encouraged to V「V するように促される」 encourage O to V「O を V するように促す［奨励する］」の受動態。

解説

how much pollution they cause「彼らが引き起こす汚染の量」で、much は「多い」⇔「少ない」の「多い」ではなく、中立的に「量」を表します。

訳

換言すれば、会社は彼らが引き起こす汚染の量に従って課税されるべきで、そうすれば会社はよりきれいな技術を用いて、よりきれいな製品を作るように促されるだろう。

演習115

A child who can turn his fear of the unknown into a fear of ghosts, witches, giants, and the like, may be able to get rid of much of that fear when he finds that such things do not exist. (1976)

第 48 講　much

[語注]
turn ... into ~「...を~に変える」/ ... and the like「...など」/ get rid of ~「~を取り除く」

演習 116

　Uncle Allen didn't say anything, but his mouth was firmly locked in the shut position to keep him from bursting into laughter. My mother didn't say anything either. For a long while she seemed to be thinking. Then she said, "Buddy, don't feel bad. There's more to life than playing the banjo." 　　　　　　　　　　(1989)

[語注]
banjo「バンジョー」　親戚の前で管楽器のバンジョーの演奏を披露して失敗したあとの話。/ burst into laughter「突然笑い出す、吹き出す」(→ 例題 209)

[演習 115 の解説]
　much of that fear「その恐怖の**多く**」は much of ~ の型で、much は名詞。
[訳]
　未知のものに対する恐怖を、幽霊や魔女や巨人などに対する恐怖に変えることができる子どもは、そんなものが存在しないとがわかったときに、その恐怖の多くを取り除くことができるのかもしれない。

[演習 116 の解説]
　There's のあとには名詞が続く(→ 例題 24)ので、more は「より多くの**こと**」という名詞 much の比較級。単数で受けるので、There **are** ... ではなく There's ＝There **is** ... となっている点にも注意。なお、There's [is] more to life than ...「人生には ... 以上のものがある」→「... だけが人生ではない」は定型表現として覚えよう。
[訳]
　アレンおじさんは全く何も言わなかったが、吹き出すのをこらえようと唇をかみしめた状態で口はぎゅっと閉じられていた。母も何も言わなかった。彼女は長い時間考えているように思われた。そして彼女が言った。「ねえお前、機嫌を損ねちゃだめよ。バンジョーを弾くことだけが人生ではないのだから」

第 12 章　正しい解釈のための重要語

第 12 章のポイント

- [ ] a number of . . . ≠ the number of . . . 、a rest ≠ the rest は不定冠詞と定冠詞で意味が変わる。　→ 例題 169、例題 170
- [ ] 冠詞は名詞のかたまりを示す目印。the ＋形容詞もその枠組みで考える。　→ 例題 171、例題 173
- [ ] 固有名詞の前の不定冠詞 a から不定冠詞の本質を探る。　→ 例題 172 / 演習 94
- [ ] 代名詞の one =「もの」で、原則として a ＋名詞に当たる。　→ 例題 174
- [ ] 主語の位置の one は「人」。　→ 例題 175 / 演習 95
- [ ] some =「一部の」→「(何) か (ある)」。　→ 例題 176
- [ ] any =「任意の」→「(何で) も」。　→ 例題 177、例題 178
- [ ] any と -ever と no matter- は一緒に整理する。　→ 例題 179 / 演習 96、演習 97、演習 98
- [ ] that =「それ」が原則。　→ 例題 187
- [ ] 名詞＋ that V の that は関係代名詞。　→ 例題 180
- [ ] that SV は「SV のこと」で「SV のもの」にはならない。　→ 例題 181、例題 182
- [ ] that SV ⇔ not that SV の対比で覚える。　→ 例題 183
- [ ] 名詞＋ that SV の that は同格 (→ 例題 184) と、関係代名詞 (→ 演習 99) の可能性がある。
- [ ] that which . . . は「. . . のこと [もの]」となる。　→ 例題 185 / 演習 100
- [ ] those ＋修飾語句 [節] では、those が「人々」の可能性がある。　→ 例題 186 / 演習 101
- [ ] that SV「SV のこと (=事実)」、what SV と what V →「SV のこと (=内容)、SV のもの」　→ 例題 188 / 演習 102
- [ ] what S be は「S の姿」。　→ 例題 189 / 演習 103
- [ ] 疑問形容詞とは what [which] ＋無冠詞の名詞の型になる疑問詞 what や which のこと。　→ 例題 190
- [ ] A is what B is all about は「A の本質は B だ」。　→ 例題 191
- [ ] what if SV は定型表現として覚える。　→ 例題 192
- [ ] if [whether] SV は名詞節 (→ 例題 193、例題 194 / 演習 104) か、副詞節 (→ 例題 195 / 演習 105) を判断する。
- [ ] if not . . . は 2 つに分けて整理する。　→ 例題 196、例題 197 / 演習 106

第 12 章のポイント

- [ ] how ... で覚えるべき文法は 2 つのみ。 → 例題 198、例題 199 / 演習 107
- [ ] no matter how と however は置き換え可能。 → 例題 200 / 演習 108
- [ ] as＋名詞［形容詞］の意味は 1 つ。 → 例題 201
- [ ] as SV の SV が「不完全な文」の場合。 → 例題 202
- [ ] as SV の SV が変化を表す内容の場合。 → 例題 203
- [ ] Just as SV, (so) SV の型の場合。 → 演習 109
- [ ] what S be≒名詞＋as S be の関係。 → 例題 204
- [ ] ..., as in ～＝「～（におけるの）と同じように ...」。 → 例題 205
- [ ] 形容詞［無冠詞の名詞］＋as SV は元の位置に戻して考える。 → 例題 206 / 演習 110
- [ ] as if [though] SV＝「まるで SV のように」 → 例題 207
- [ ] 名詞＋as ... (it) の型は it の有無で意味が変わる。 → 演習 111
- [ ] so ... that SV の SV 部分は「大げさな表現」が原則。 → 例題 208 / 演習 112、演習 113
- [ ] so ... と such ... の語順の違いに注意。 → 例題 209
- [ ] such＋抽象＋as＋具体のような「抽象」と「具体」の表現を整理して覚える。 → 例題 210
- [ ] all ... と what ... の意味上の違いに注意。 → 例題 212、例題 213
- [ ] 名詞の all （→ 例題 211 / 演習 114）、副詞の all （→ 例題 214）、名詞の much （→ 例題 215 / 演習 115、演習 116）に注意。
- [ ] much ... ≠「多くの ...」 → 例題 216

〈付　録〉
注意すべき 4 つの前置詞

　前置詞に対する効率的な解釈法を決めておき、それを毎回適応することで、解釈が断然楽になる前置詞が 4 つあります。それは of、in、to、with です。

1.　of＝名詞［動名詞］の接着剤
① 「〜の」
　an important part of growing up（例題 2）
② 「〜という」
　the question of how to move around（例題 4）
③ 「〜対する」
　the ... idea of the game（例題 52）

2.　in＝「...において」が原則
　a ... change in climate「気候における ... 変化」→「気候の ...」（演習 79）

　in Ving「V することにおいて」≒ when＋SV
　in developing ...（例題 78）

3.　to＝→ を意味し、「...に対して、...に［へ］」
　our relation to the books（例題 1）

　to〈人〉も for〈人〉も「〈人〉にとって」の意味になるが、to〈人〉は「〈人〉の気持ち［心］の中では」のように感情的（emotional）な意味を汲み取ることが重要。

　to his mother（例題 6）
　for an English Speaker（例題 146）

4.　with＝having「...と関わっている」
　a world with any regularity at all（演習 25）

〈付録〉 注意すべき 4 つの前置詞

① 「...と一緒に」
   playing with me（演習 23）
② 「...に関して」
   a big problem with people（例題 8）
③ 「...で（＝ ... を使って、... を手に持って）」
   interfere with anyone with violence（例題 109）

talk **with** him が示すように「人間関係の基本」を表現できる前置詞である。
get along with one another（例題 47）

with を見たら付帯状況を疑う。
. . . , with one out of every four Hawaiians living there, . . .（例題 39）

索　引

本索引は、基本的に五十音順 → アルファベット順で並んでいますが、学習上配慮からそれに従わない場合もあります。

【あ】
意味上の主語　第 10 講、例題 38、演習 48、演習 53

【か】
過去完了　⇒ had p.p.
　物語の場の設定　演習 87
仮定法過去　例題 165、演習 91
仮定法過去完了　演習 19、例題 166
関係形容詞　⇒ whatever
冠詞の前の形容詞　p.109
関係副詞　⇒ when、where
　関係副詞と助詞　例題 78、演習 43
　省略　例題 76
カンマ　例題 6、例題 10
　カンマ＋which　例題 71、演習 41
　カンマで文は結べない　例題 36
　固有名詞＋カンマ＋関係詞　p.87
　and, but の直後のカンマ　演習 7、例題 99
　and, but の直前のカンマ　例題 98、演習 56
完了形
　時間のズレ　例題 154、演習 86
　歴史的思考　例題 152、例題 153
疑問形容詞　⇒ what
強調構文　⇒ It
句　例題 2
固有名詞の不定冠詞　例題 172、演習 94

【さ】
最上級と条件　演習 1、例題 147
使役動詞　第 13 講
従位接続詞　第 24 講

主語＋be p.p. to V　例題 106、演習 58、例題 116、演習 146
主語＋be 動詞＋形容詞＋to V　例題 107、演習 59
主語＋be 動詞＋to V　例題 109、例題 110、演習 60
(if ＋) 主語＋be 動詞＋to V　例題 111、演習 61
主語の関係　例題 70、例題 159
受動態　例題 108
　進行形　例題 151、例題 170
省略
　助動詞のあと　演習 73
　接続詞のあと　例題 116、演習 65、演習 93、演習 95
　否定語と省略　例題 117
　be 動詞のあとの名詞　p.76
　to 不定詞　例題 119
　to V の to　p.154
　SVC の 2 つめの be 動詞　演習 66
　whether　例題 118
助動詞
　有益な役割　例題 156
　過去形の意味　例題 157、例題 158、演習 88
進行形＋always　演習 73、例題 149
スペリングの英米の相違　演習 47、演習 80
節　例題 2
セミコロン　例題 101
挿入　例題 75、例題 120–122、演習 69、演習 70、例題 127

索　引

【た】
第5文型　例題 40、演習 24、演習 25
知覚動詞　第 14 講
　　feel　p.65
　　hear　例題 15、演習 83
　　see　例題 50、演習 31、演習 32、
　　smell　p.65
　　watch　例題 144
等位接続詞　第 23 講
動詞＋前置詞句＋O　例題 82、演習 46
動名詞
　　意味上の主語　例題 37、演習 20
　　根底にある意味　p.18、p.44
　　否定　演習 73

【は】
倍数＋比較級＋than …　例題 136
倍数＋as 〜 as …　例題 146
比較　第 9 章
　　比較級＋than[as]＋共通認識　p.176
　　比較級の強め　例題 45、例題 111
　　比較と「これ」例題 122、例題 134
　　比較と対称性　例題 135、例題 136、
　　　演習 80
　　比較と否定　p.178
　　no＋比較級　例題 139
　　the＋比較級　例題 141、例題 142、
　　　演習 79
否定　第 8 章
　　部分否定　例題 132、例題 133、演習 74
　　否定語がない否定　例題 123–127、演習 71、演習 72
　　否定の強め　例題 7、例題 131
副詞　第 22 講
　　副詞の本質　p.108
　　文頭の副詞　演習 26、例題 90
　　文頭の副詞の否定　例題 130
複数の -s の具体化　演習 13、演習 74、例題 138
付帯状況構文　例題 39、演習 23

不定詞（to V）　第 28 講
　　感情を表す語＋to V　例題 115、演習 64
　　意味上の主語　例題 38
　　否定　例題 128
　　2つの基本意味　例題 112、演習 62
分詞構文　例題 3、例題 4、例題 87、演習 49
　　分詞構文の意味　p.5
文頭の型　第 1 章
　　前置詞句　例題 6–8、演習 5、演習 6、演習 34、演習 38、演習 48、例題 108、演習 70、演習 112
　　接続詞　例題 9–12、演習 7
　　倒置　例題 28–29、例題 31、演習 16、演習 19、例題 132
　　不定詞（To V）　例題 13- 15、演習 9、演習 10
　　Ving と Ved　例題 2–4、演習 2、演習 3
　　There …　例題 24–27、演習 14、演習 15
　　S sv V　例題 1、演習 1、例題 120、例題 181

【ま】
名詞修飾と同格
　　形容詞，形容詞＋名詞　演習 10、例題 58、演習 84
　　形容詞→名詞←形容詞　例題 51
　　名詞←形容詞　演習 12、例題 52、例題 53、演習 34
　　名詞＋過去分詞　例題 55、例題 96、演習 53
　　名詞＋カンマ＋名詞（同格）　演習 17、例題 56、例題 84
　　名詞＋カンマ＋or＋名詞（同格）例題 57
　　名詞＋現在分詞　演習 3、例題 54、例題 84、例題 86、例題 99
　　名詞＋前置詞句　例題 59、例題 60

285

索　引

名詞＋前置詞句＋述語動詞　例題60、演習54
名詞（＝形容詞）＋名詞　例題42、例題62、例題113
名詞＋to V　例題114、演習63
名詞＋of ...の型
　名詞＋of A and B　例題62
　名詞＋of A on[upon] B　演習36
　名詞＋of ...to V　例題61、演習37
名詞＋関係節　第17講
　関係詞の省略　演習16、例題63、例題69、演習44、演習66、例題216
　離れた関係節　例題65、演習39
　名詞＋関係節＋述語動詞　例題70
　名詞＋カンマ＋which　例題71、演習41
　名詞＋前置詞＋関係詞　演習17、例題66、例題67、演習38、演習52
　名詞＋前置詞句＋関係詞　例題72、演習38、演習80
　名詞＋of＋関係詞　例題68
　名詞＋（SV）V　例題64
　名詞＋whose＋名詞　例題69
　名詞＋関係副詞　第18講

【A】
aとtheで意味が変わる名詞　例題169、例題170
(the) abitity of ～ to ...　p.76
After ...（文頭前置詞）　p.16
against　例題41、演習186
all
　「だけ」（名詞）　例題212、例題213
　all（名詞）　演習114
　all（副詞）　演習214
　We are all　例題211
allow ≠「許す」　例題47
Although（文頭の）　例題9、演習35
(not) always　演習74
and　第23講
　命令文[名詞], and ...　例題100

any　第40講
　anyone who ...　例題177
　not[never] / without any　例題11、例題178
　(if) any[anything]　p.230
as　第45講
　形容詞[副詞]＋as ...　例題206、演習110
　「...について」　演習7、例題203
　「...のときに」　演習72
　「...のような」　演習111
　「...のように」　例題65、例題202
　as＋名詞　例題9、例題105、例題122、例題201
　as if[though] ...　演習4、例題81、例題207、
　as in ...　例題28、例題205
　Just as SV　演習109

【B】
be going to V　例題65、例題150、例題181
behind　演習52、演習94
beingの省略　例題36
below　例題58
beneath　演習34

【C】
call O C　演習2、例題60、例題81、例題85
can　例題54
cause（動詞）　例題40、例題169
consider　演習16、演習45
could[couldn't] have p.p.　例題117、p.212

【D】
deprive A of B　例題83
do
　述語動詞の強調　例題84、例題164
　do ～ good[harm]　演習44

索　引

during　例題 7

【E】
enable　演習 24
(not) every　例題 133
expect　演習 25、例題 129

【F】
find
　　find ＋ 名詞 ＋ 形容詞　例題 34、例題 42
　　find oneself Ving　p.55、演習 27
For SV　例題 12、演習 8

【G】
get O ＋ 過去分詞　⇒ have
get O to V　例題 48
give ＋ 人 ＋ モノ　例題 79、例題 80

【H】
had p.p.　例題 6、例題 73、演習 87
had not p.p. . . . before . . .　例題 155
hardly　演習 39、例題 126
have（使役動詞）　演習 30
have[had] to V　例題 73、例題 162、演習 89
have[get] O p.p.　例題 49
hear　⇒ 知覚動詞
hence　演習 6、演習 50
how . . .　例題 110、例題 120
　　how ＋ 形容詞 [副詞] . . .　例題 198、例題 199
　　how to . . .　演習 4、p.255
　　no matter how ＋ 形容詞 [副詞] . . .　例題 200
however　p256、演習 108

【I】
if　第 43 講
　　名詞節　例題 119、演習 72、例題 193
　　副詞節　p.250

if not . . .　演習 86、例題 196、例題 197、演習 106
if S (should) V　演習 93
if S were to . . .　例題 167
imagine O Ving　演習 22
in ＝ 「において（の）」　例題 78、例題 79
in order to V　例題 113
It（文頭の）　第 7 講
　　仮主語　例題 16、演習 11、例題 32、演習 35、例題 75、演習 44、例題 101、演習 80、演習 91
　　強調構文　例題 17–22、演習 12、演習 13、例題 90、演習 53
　　It is not until ～ that SV　例題 21
it ＝ the ＋ 名詞　例題 23

【K】
keep ＋ 名詞 ＋ 形容詞　p.54

【L】
leave ＋ 名詞 ＋ 形容詞　例題 41
lest S should V　演習 55
let（使役動詞）　例題 46
life　例題 145
little　演習 1、演習 43、例題 125

【M】
make
　　「させる」　例題 45、演習 29、例題 121
　　「する」　p.55
　　make A of B　例題 44
　　make O C　演習 13、p.56
　　make it ＋ 形容詞 ＋ for ～ to V　例題 43
might as well　例題 159
might have p.p.　演習 52、演習 90
must not[never]　演習 69、p.211
much ≠ 「多くの」　例題 216
much of . . .　演習 71、例題 215

287

索　引

【N】
(not) necessarily　例題 132
Neither ～ nor . . .　例題 30
Neither V S　演習 16
no more ～ than . . .　例題 140
Nor V S　例題 29、演習 35、演習 84

【O】
of
　「という」　例題 4、演習 3、例題 131
　「に対する」　例題 52、演習 55
once（接続詞）　例題 104
once（副詞）　p.130
one（主語）　演習 13、例題 175、演習 95
one[ones]（代名詞）　例題 1、例題 14、例題 133、例題 174
only　例題 12、例題 68、例題 127
other than　p.187
otherwise　例題 78、例題 92、演習 52
out of . . .　演習 87
outside　例題 33、例題 148

【P】
(the) power of ～ to . . .　p.77
provide ～ with . . .　例題 84
provided（接続詞）　演習 54

【R】
rather than　演習 74
(the) right of ～ to . . .　p.78

【S】
see　⇒ 知覚動詞
smell　⇒ 知覚動詞
so ～ that SV　演習 69、例題 208、例題 210、演習 112、演習 113
so that SV　例題 216
So V S　例題 31
some　第 40 講
～ such as . . . / such ～ as . . .　例題 210
such as S be　p.262
such ～ that . . .　例題 209
supply ～ with . . .　演習 47

【T】
tell＋人＋情報　演習 8、例題 80、
that
　先行詞の先頭　例題 73、演習 40、例題 121
　「それ」　p.239、例題 187
　名詞＋that＋SV（同格）　演習 13、演習 52、演習 78、例題 184
　名詞＋that SV（関係代名詞）　演習 34、演習 99
　名詞＋that V　演習 3、演習 5、演習 8、演習 27、例題 57、例題 83、例題 88、演習 56、演習 70、例題 133、例題 138、例題 180
　not that SV（⇔ that SV）　例題 183
　that is（すなわち）　演習 3、p.234
　that SV　例題 181、例題 182
　that which　演習 60、例題 185、演習 100
the＋形容詞　例題 43、例題 154、例題 173
then　p.14、例題 17、例題 99
There is＋名詞 . . .　例題 24
There is . . . in sight　演習 14
There is no Ving　例題 26、演習 15、演習 94
those . . .（. . . の人々）　演習 77、例題 186、演習 101
those who . . .　例題 64、p.240
through　例題 12
thus　例題 89、例題 145
to[for]＋人　例題 6
to be の省略　例題 86
too ～ to V　例題 20、演習 30、例題 123

索　引

【U】
unless　例題 103
until　演習 5

【W】
watch　⇒ 知覚動詞
(the) way SV　例題 105、演習 56、演習 57、例題 134
we ⇔ they[you]　例題 41
well（＝naturally）　例題 135、p.208、例題 166
what
　疑問形容詞　例題 190
　(A is) what B is all about　例題 191
　what if SV　例題 192
　What . . . is that . . .　例題 188、演習 102
　what S be ＝「〜の姿」　例題 189、演習 103
whatever（関係形容詞）　演習 96、演習 97
whatever（関係代名詞）　例題 179
when（関係副詞）　例題 27、例題 75
When . . .（文頭の）　例題 10
when ＝「のに」　p.130
where（関係副詞）　演習 10、例題 27、例題 74、例題 84
where . . . ＝「. . .の場所」　例題 77、例題 78
whether　第 43 講
　whether SV　演習 58、例題 193–195、演習 104、演習 105
While . . .（文頭の）　例題 11、演習 86
. . ., while SV　例題 88
whoever　演習 98
whose（関係代名詞）　演習 29、例題 69、演習 39
wish（動詞）　例題 168、演習 92
with
　「関して」　演習 2、例題 8
　「用いて」　例題 109

with ＋ . . . ＋ 名詞 ＝ . . . 副詞　例題 91、演習 51
would　例題 99、例題 160
　would have p.p.　例題 15、例題 34、例題 163
　would just as soon V　p.186
　would rather . . .　例題 144

【Y】
yet
　形容詞＋yet＋形容詞＋名詞　例題 97
　「しかし」　演習 39

289

■著者プロフィール■
鬼塚　幹彦（おにづか・みきひこ）
東京大学文学部卒。長年、大手予備校などで大学受験生を中心に英語の指導にあたり、現在は執筆を中心に活動している。著書に、『「東大」英語のすべて（上・下）』（共著）、『「京大」英作文のすべて』、『大学入試　自由英作文のすべて』、『おとなのための読み直し英文法』（以上、研究社）、『東大の英単語』（教学社）ほか多数。

「東大」英文解釈のすべて
とうだい えいぶんかいしゃく

● 2016年12月1日 初版発行 ●

● 著者 ●
鬼塚　幹彦
© Mikihiko Onizuka, 2016

KENKYUSHA
〈検印省略〉

● 発行者 ●
関戸　雅男

● 発行所 ●
株式会社　研究社
〒102-8152　東京都千代田区富士見 2-11-3
電話　営業 03-3288-7777(代)　編集 03-3288-7711(代)
振替　00150-9-26710
http://www.kenkyusha.co.jp/

● 印刷所・本文レイアウト ●
研究社印刷株式会社

● 装丁 ●
寺澤　彰二

ISBN978-4-327-76485-2　C7082　　Printed in Japan